结果导向的预算绩效管理实践研究

钟 玮 著

中国财经出版传媒集团
中国财政经济出版社

图书在版编目（CIP）数据

结果导向的预算绩效管理实践研究/钟玮著．—北京：中国财政经济出版社，2016.9

ISBN 978－7－5095－6975－7

Ⅰ.①结…　Ⅱ.①钟…　Ⅲ.①财政预算－经济绩效－财政管理－研究　Ⅳ.①F810.3

中国版本图书馆 CIP 数据核字（2016）第 223104 号

责任编辑：卢关平　　　　责任校对：刘　靖
封面设计：孙俪铭　　　　版式设计：董生平

中国财政经济出版社 出版

URL：http：//www.cfeph.cn
E－mail：cfeph@cfeph.cn

社址：北京市海淀区阜成路甲 28 号　邮政编码：100142
营销中心电话：88190406　北京财经书店电话：64033436　84041336
北京财经印刷厂印刷　各地新华书店经销
787×1092 毫米　32 开　6.625 印张　168 000 字
2016 年 9 月第 1 版　2016 年 9 月北京第 1 次印刷
定价：23.00 元
ISBN 978－7－5095－6975－7/F·5588
（图书出现印装问题，本社负责调换）
本社质量投诉电话：010－88190744
打击盗版举报热线：010－88190492，QQ：634579818

摘　要

当前，中国经济正处于“三期叠加”的新常态，财政收入也相应地迈入中低速增长期，加之经济转型、老龄化等因素对公共财政支出刚性要求不断强化，财政收支的矛盾日益凸显。从财政收入看，产能过剩、企业经济效益普遍下滑的背景下，通过减税方式缓解当前负担无疑是惠企之举。由此，来自财政收支两端的压力将有可能使中国财政赤字规模进一步加大，而中国又无法像美国那样通过国债形式向全世界“输出”赤字。另外，从目前的政策看，减税、盘活财政存量资金无疑短期内是缓解中国财政压力的“阀门”。但长期还需要统筹考虑财政的体制机制，通过全面规范、公开透明的预算绩效管理制度设计、执行和体系化建设，形成从预算编制、执行到绩效评价与反馈的闭环机制。

从2003年起，财政部一直关注财政预算绩效评价工作，成立了绩效评价处和预算评审中心，颁布了《财政支出绩效评价管理暂行办法》、《财政支出（项目支出）绩效评价操作指引（试行）》、《中央部门预算绩效目标管理办法》、《中央对地方专项转移支付绩效目标管理办法》等一系列法规文件。十几年来，预算绩效管理不断向前推进，在项目支出层面，对于部分重点项目已经要求其明确绩效目标并由各部门围绕目标开展评价工作，但是，评价对象单一、资金量小、范围窄、缺乏量化指标、评价结果的指导性不强。此外，对财政专项、政策的绩效管理还处于起步阶段，有待进一步拓展和深化到政策、制度及执行操作层面，这些问题的改进都依赖于中国把预算制度改革不断深入推进。

本书主要从改革路径、顶层设计、组织架构、方法技术、经验教训等方面考察了英美等发达国家在预算绩效管理方面的先进经验，提炼理论思想基础，把握改革逻辑，分析政府在改革中的角色定位，总结国外提升预算资源配置与使用绩效的执行控制法律规则、执行控制措施方面的有益经验，并结合中国预算执行与控制的历史沿革、现实约束及存在的问题，研究中国预算绩效的制度框架、绩效监管、分配机制等对预算绩效管理的作用途径、机制和制约因素，在此基础上提出预算绩效管理改进思路和政策建议。

目　录

1 绪 论

1.1 研究背景及意义

1.1.1 研究背景及问题提出

当前，世界经济正处于动荡时期，除美国外，西方国家尚未摆脱危机的影响；社会领域同样暗流涌动，恐怖主义势力在全球蔓延，英国脱欧可能会形成示范效应，加剧欧盟成员国之间的博弈。财富分配在国家之间、各阶层之间的差距越来越大，直接影响到社会稳定，使得政府干预对于经济、社会发展的调节作用愈加重要。

中国经济正步入新常态，国内外发展环境错综复杂，人民群众的法律意识、权利意识、参与意识显著增强，对于政府改革寄予厚望。传统的凯恩斯需求刺激的发展思路不仅难以治本，还会导致政府官僚主义的盛行，甚至引发社会矛盾。在房地产、社保、医疗等公共领域的改革难题都有待进一步破解，财政的公共性和中国当前经济发展的客观实际都要求预算执行在支出结构层面向民生领域倾斜，但从以往的经验数据看，在执行结构上相对于教育、医疗、消费、服务等领域，财政预算支出更倾向于公共投资，其背后是政府强化了自身的经济建设职能而弱化了公共服务职能。

简言之，中国要跨越中等收入陷阱，提升治理能力，关键便是发挥政府和市场的积极性，加快政府职能转变，重塑社会结构，而这些都离不开财力的支持。进一步看，包括绩效预算、中期财政规划在内的财政改革的目标就是既能够满足政府履责的支出需要，又能杜绝公共资源浪费。从这个意义上，财政预算绩效是政府绩效的重要抓手。当前，中国在预算总量控制上存在“软约束”，经济增速放缓环境下其表现尤其明显，超支资金不仅给社会带来严重的通货膨胀（以下简称通胀），抬高大宗商品价格，形成投资泡沫，引发地方政府债务问题，同时，以财政收入增长为标准的政绩评价机制为主因导致的超收资金降低了资金利用效率，给资金监管带来寻租空间，预算绩效管理迫切需要大力推进，2015 年，157 个中央部门开展了财政支出绩效评价试点，将部分重点民生政策和重大专项的绩效评价报告提交全国人大常委会。2016 年，中央部门绩效目标要实现全覆盖，建立健全重点民生政策和重大专项绩效评价机制，自觉接受人大监督。

1. 预算绩效管理改革是发挥财税对改革支撑性作用的必然要求。党的十八届三中全会通过的《中共中央关于全面深化改革若干重大问题的决定》（以下简称《决定》）规定，改进预算管理制度是深化财税体制改革三项内容之一。党的十八届三中全会明确提出加快推进治理体系与能力现代化，财政作为国家治理的基础和重要支柱，需要建立与此相适应的现代财政制度和预算管理制度。

2. 预算绩效管理改革是预算的法治化要求。新《预算法》将预算绩效管理纳入法制轨道，在多个章节涉及绩效问题：一是预算绩效的全口径管理。新《预算法》第四、五条规定，“政府的全部收入和支出都应当纳入预算”，“预算包括一般公共预算、政府性基金预算、国有资本经营预算和社会保险基金预算”，并且明确要求“政府性基金、国有资本经营预算和社会保险基金预算应当与一般公共预算相衔接”。二是预算绩效的全过程覆盖。“绩效”一词前后分述六个条款，涵盖了从预算原则、编制、执行、结果应用到评审监督的全过程。三是预算绩效全方位监督。新《预算法》要求构建“人大、政府、财政、审计与公共审查监督”为一体的全方位预算绩效评价与监督体系，并在第二、五、六、八章节中从预算编制、调整、执行、决算四个环节八个方面明确了预算审查监督的具体内容，赋予相关主体明确的权利和义务。

预算理念、编制的重要内容、原则、审查批准预算等八个重点和决算的十二个重点都体现审核绩效的要求。预算管理的高绩效是体现政府治理能力的重要标志。西方发达国家的经验表明，通过构建和运用结果导向的预算管理制度体系及工具以制定、实施、跟踪、调整及终止财政政策是较为有效的做法。中国财政预算已从分配式预算进入绩效式预算管理的新时代。

3. 预算绩效管理改革是优化财政职能，建立现代财政制度的必然要求。预算是公共资源配置的重要工具，预算管理的效率效果是预算管理制度合理性的直接体现，但从实践看，中国预算管理的精准化水平有待进一步提高，例如：政府投资与消费支出占比偏高，“三农”、教育、民生支出相对不足；在预算执行周期上，跨年度预算平衡机制刚刚提上改革日程，预算执行本身产生的顺周期效应也不利于经济社会的稳定健康发展，以上预算偏差迫切需要加以量化分析和深入研究。2014 年 9 月，新修订的《预算法》颁布，在预算编制、转移支付制度、预算执行、决算审查与公开方面全面落实党的十八届三中全会精神，为构建完整、透明、科学、高效的公共财政预算体系奠定了坚实的法治基础。《国务院关于深化预算管理制度改革的决定》等文件都明确提出建立现代预算、改革预算管理制度，提高财政支出绩效，把绩效支出的重点由项目支出扩展至部门整体支出，覆盖政策、制度和管理各个层面。在改革过程中，中国亟须立足国情、学习借鉴发达国家预算绩效管理的先进经验，找准预算管理内核，设计出有中国特色的预算绩效管理改革模式，更好地发挥财政职能作用，促进经济社会可持续健康发展。

1.1.2 研究意义

从理论角度来看，预算管理制度是现代公共财政研究的重要内容，是党的十八届三中全会提出的深化财税体制改革的三项重点改革领域之一。科学合理的公共财政预算平衡与纠偏方式，既是一种激励，又是一种约束。对经济转型阶段的中国来讲，应寻求适合本国国情的预算管理制度，构建规范化的预算偏差改进机制。

从财政运行的现实层面看，在经济新常态下，中国经济增长速度逐渐放缓，与财政收入的高增长时期相比，财政收支压力大将成为预算管理的新常态，是今后一段时期面临的主要矛盾，以存量资金调整为中心的预算结构性管理将摆上突出位置。财政预算绩效评价是优化支出结构、缓解支出刚性、提升财政政策效能、改进财政管理的重要工具，更是提高政府行政能力、实现国家治理体系与治理能力现代化的有效载体。在短期，以预算控制为起点，整合监督资源的执行体系重构将在一定程度上防范和化解地方债务风险；在中期，以预算目标绩效和方法指标的创新构建跨年度预算平衡机制将打破预算碎片化的现实约束，切实提高财政供给效率，有效融化债务余额；在长期，支出需求与财政供给能力相匹配的结构性预算平衡体系将为实体经济的稳定可持续发展提供保障。

全面推进财政预算绩效管理是完善中国公共财政体系的重要措施。自 2003 年党的十六届三中全会提出财政支出绩效理念后，全国人大每年在审查预决算结果报告中均将支出绩效评价管理作为重要的考核要求，地方政府和人大也对此进行了积极探索。财政部自 2003 年着手开展财政预算绩效评价工作以来，先后颁布了《财政支出绩效评价管理暂行办法》、《财政支出（项目支出）绩效评价操作指引（试行）》、《中央对地方专项转移支付绩效目标管理暂行办法》等制度办法，并取得了良好的实施效果。十几年来，绩效评价不断向前推进，但从总体执行情况看，工作机制有待进一步健全，主要是项目评价和整体评价，对财政专项、政策、制度、管理评价还处于起步阶段，目前的支出绩效评价以合规性评价为主，缺乏对支出政策、管理、效益、效率方面的综合评判。更重要的是财政支出绩效管理的系统性、规范化和长效化不足，特别是缺乏国家顶层设计，法制化水平较低，尚未形成权威的上位基本法及范式体系，造成实践中问责停留于执行环节，缺乏必要的决策、信息公开和监督机制。因此，吸取和借鉴世界上有关国家在财政支出绩效法制建设方面的经验教训，并适时推进中国财政支出绩效管理的立法进程就显得十分迫切和必要。

1.2 研究目标、方法与技术路线

1.2.1 研究目标

本书力求从预算绩效管理体系、绩效评价、配套改革三个层面来分析财政预算偏差的改善问题，目的是优化政府预算绩效管理，当然实践和方法优化是实现预算绩效管理的重要途径，这也是本书最终的落脚点，拟解决的关键问题包括：

1. 在厘清政府绩效、财政预算绩效概念内涵的基础上分析发达国家预算绩效管理的实施成效，总结经验教训。

2. 定位当前中国预算绩效管理实践中存在的突出问题，分析成因，提出解决方案。

3. 设计进一步完善财政预算绩效管理的具体实施路径和政策建议。

研究结果导向的公共财政预算管理制度体系的主要目的是在总结梳理公共财政预算管理理论以及预算管理先进经验

研究的基础上，按照新的发展形势的要求，针对目前预算管理中存在的差距和不足，建立以公共财政预算执行与控制为起点，以预算绩效管理制度优化为核心，以激励约束机制为保障，围绕“如何改善公共财政预算绩效管理”这一研究主题，从理论上探究影响财政预算绩效管理的相关因素及作用机理，实证分析当前中国预算绩效管理的外在表现形式及其内在成因，提出有利于预算绩效优化的总体框架和具体政策方案。以此推动进一步改革“唯 GDP”的绩效考核观，从公共财政资金的投入产出角度，把民生改善、社会进步、生态效益等指标和实绩作为重要的考核内容。提高公共财政资源配置效率，以法律手段形成依法理财、科学理财、民主理财的长效机制，通过绩效标准明确界定政府行为的目标底线；通过绩效评价发挥其对政府施政的导向作用；通过绩效公开改进政府信息质量和披露水平，发挥绩效信息的辅助决策作用；通过绩效问责推进构建高效政府、责任政府、节约政府，提升人民群众对政府能力的信心，使财政支出绩效提升成为推进国家治理体系和治理能力现代化的重要抓手。

1.2.2 研究方法

研究方法的选择根据具体研究内容的特点来确定：

1. 探究发达国家公共财政预算绩效管理的问题，总结其经验教训，主要依靠文献查阅和案例分析，采用规范分析和定性分析方法。

2. 考察中国公共财政预算绩效管理实践、研究确定绩效管理改革中出现的问题，提出政策建议，主要采用问卷调查、实证分析和定量分析方法，力求得出有价值的研究结论。

1.2.3 技术路线

预算改革顶层设计方案——《国务院关于深化预算管理制度改革的决定》的出台为重塑中国财政预算体系拉开序幕，本书正是从此角度出发，研究在当前新常态经济环境下如何合理确定预算绩效，进而优化政府的行为，使政府朝着增进本辖区内居民福利而不是自身利益最大化的方向而努力。研究技术路线见图1－1。

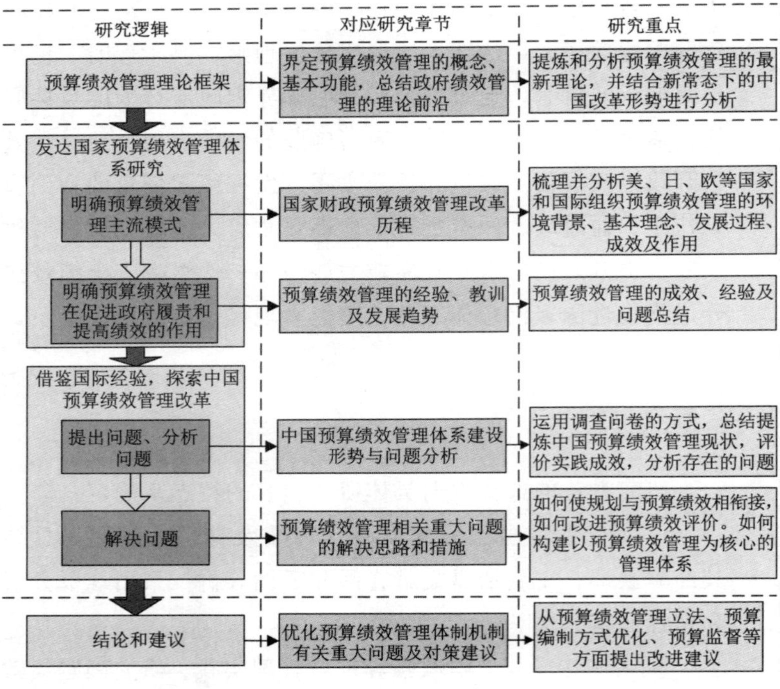

图1－1 研究技术路线

1.3 主要创新

在总结世界主要国家提升政府治理绩效方面基本理念、发展过程、主要举措、成效、趋势与特点基础上，分析中国政府绩效管理的实践经验和创新做法，采用问卷调查的方法，力求从预算绩效管理的总体架构、执行、监督三个维度在宏观和微观层面分别对预算绩效进行考量，在理论和实证上证明并检验哪些因素影响了公共财政预算的效率效果，财政预算执行力缺失或错位的原因是什么。

优化财政预算绩效，还应完善和优化预算管理体系，实现制度体系的“提质增效”。本书要在新常态背景下寻求构建分权制衡、结果导向、以人为本的预算绩效管理体系。

2

公共财政预算绩效管理改革的理论与实践

2.1 财政预算绩效的概念界定

2.1.1 政府绩效

政府绩效的产生基于特定的背景，有一套复杂的体系，具有丰富的内涵。20 世纪 70 年代末期，西方发达国家集权化和官僚化的政府管理导致财政危机、管理危机、信任危机等一系列问题，引发了“新公共管理”改革运动，改进政府绩效成为改革的中心议题，绩效管理、成本效益、顾客至上等理念在实践中得到广泛认同和应用。

绩效最初来源于企业，是从投入、生产活动和产出加以定义，“绩”代表产出的结果，“效”则代表产出的效率，绩效考量的是企业产出的产品能给顾客带来的效用。和企业一样，政府作为向社会提供公共产品和公共服务的特殊部门，也存在如何为公众提供更多更好的公共产品的问题，从公众的角度看，其所关注的是政府提供的最终产品，而不是提供产品的过程，至于政府采取何种手段来提供这一产品，公众既不关心，也不需要了解，如果最终产品得不到认可，那么公共产品无法实现“销售”，最终在公共选择下可能导致政府下台。因此，应从财政支出的投入、公共产品与服务的产出两个视角衡量政府绩效，进而决定资源配置，促使政府生产过程达到预期的结果。

政府绩效已经成为世界各国政府管理的核心理念，也被称为“政府业绩”、“公共生产力”、“公共组织绩效”等，在各国行政体制中至关重要，其制度安排主要包括政府绩效标准设定、执行及考核问责机制，这其中，将政府绩效管理体系以立法的形式加以确立成为许多国家政府绩效改进的共识。政府绩效具有以下特点：

1. 整体系统综合性。政府绩效源自政府对经济、政治、社会、组织等系统中各种管理资源、要素的有效整合和应用，旨在推进经济发展、社会秩序、人民福祉等执政目标，是一个复杂的多主体、多层次、多目标的管理系统。

2. 评价标准的结果导向性。政府绩效衡量的标准是政府服务水平的改进和社会效益的提高，当然，需要强调的是：良好“结果”的达成本身也需要业务流程优化、行动及控制的改进等过程类必要手段的辅助。

3. 参与主体多元化。政府绩效是在国家社会开放系统中达成的，其管理目标的制定、绩效标准的选择、实施过程管控、绩效结果的监督问责等都需要政府、议会、公民、社会团体等广泛参与。中国政府绩效的实践证明，通过简政放权、优化职能、创新管理等改革措施，行政标准更加明确，程序更加完善，效率也得到显著提升，从西方发达国家政府管理的改革实践看，当面临经济下行、财政困境等问题时，绩效改革是政府自我调整的最有效手段之一。

2.1.2 预算绩效

中国财政部2011年发布的《关于推进预算绩效管理的指导意见》中对预算绩效的概念有较为清晰的描述：预算绩效是指预算资金所达到的产出和结果。预算绩效管理是政府绩效管理的重要组成部分，是一种以支出结果为导向的预算管理模式，由绩效目标管理、绩效运行跟踪监控管理、绩效评价实施管理、绩效评价结果反馈和应用管理共同组成。它强化政府预算为民服务的理念，强调预算支出的责任和效率，要求在预算编制、执行、监督的全过程中更加关注预算资金的产出和结果①。不难看出，预算绩效更加强调的是有效的预算所带来的政府活动的结果，是从财政视角衡量政府绩效管理自身绩效的一种资源配置和管理方法。除了具有政府绩效的特征之外，还可以总结出以下特点：

1. 兼具激励与约束功能。预算绩效从政府投入公共产品的成本和效益两个角度考察效率问题，一方面通过成本约

① http://yss.mof.gov.cn/zhengwuxinxi/zhengceguizhang/201107/t20110718_577332.html.

束倒逼政府将有限资源投入到预期能够带来高“产出”的公共产品和服务供给中，另一方面通过对效率效益的关注引导政府部门积极发挥能动性和创造性，采取合理的供给与管理方式实现公共利益最大化目标。

2. 兼顾短期与长期。预算绩效要求政府职能部门在制定绩效目标时必须与国家社会整体战略目标相一致，同时也要考虑自身短期目标的拓展，使得国家与部门、长期与短期、资源与能力实现契合。

3. 体现民主与科学的治理理念。财政预算绩效体现市场经济条件下的分工协作，从目标设定到结果反馈有社会各界的广泛参与，是公众对政府活动进行监督的重要途径，更重要的是预算绩效能够凭借有效的法律框架突破委托代理关系中政府天然的优势地位约束，通过立法机构对预算的监督和问责，防范政府权力的滥用和资源浪费，从而在立法机构、行政机构中形成权责明确又分工合作的制衡与协同机制，有效防止权力的过度集中。

财政部公布的《财政支出绩效评价管理暂行办法》（财预［2011］285号）中规定，绩效体现为四个方面的内容：一是绩效目标与战略发展规划的适应性；二是财政资金使用情况、财务管理状况和资产配置、使用、处置及收益管理情况；三是相关制度措施的配套情况；四是预定产出和效果的实现程度。本书认为：财政预算管理体系应当适应预算绩效管理的需要，涵盖预算编制、执行、评价到反馈的全过程，延伸至所有使用财政资金的部门，在结构上应当包括财政预算绩效运行体系和预算绩效保障体系两个部分。

预算绩效运行体系包括：预算的前期评估、资源配置决策、预算编制、预算执行等环节。预算绩效保障体系包括：

预测方法与模型、激励与问责机制、衔接与反馈机制等。

2.1.3 结果导向的预算绩效管理

绩效预算的目标是建立一套支出与绩效相匹配的财政资金供给体系，结果导向的预算绩效管理则把个体、组织的努力方向具体化，其基本前提是预算目标、政府目标和组织成员目标的耦合，在理清各方利益关系的基础上，围绕公众福利的改进情况，回答政府为什么花钱，花钱做了什么，效果如何的问题。正如科学管理理论的创始人泰勒提出的，“在现代科学管理中，最突出的要素是任务观念。”任务完成的情况要通过结果来反馈，结果要在下一阶段财政资源配置活动中发挥决定性作用，这就是结果导向预算绩效管理的逻辑脉络。这一理念相对以过程监督为中心的预算理念而言，有以下优势：

1. 结果导向的正确性。早期的过程预算往往强调准入条件、程序合规等方面，目的是在公共产品与服务的供给过程中避免存在机制性缺陷，保证预算资金合规运用，但这种资源配置方式，忽视了公众的需求和结果的反馈评价，只在一定程度上保证了“正确地做事”而不能体现“做正确的事”。结果导向下，预算控制从以管理者为主转向以资源配置对象的自我控制为主，以上下级对组织结果的认同实现对资源正确配置的驱动。

2. 结果导向的效率性。在国家体系中存在着议会与政府、公众与政府、国家元首与部门负责人等等多重委托代理关系，以结果为导向，不仅能让社会公众清晰地判断政府花钱的效率效果，还可以通过结果来发现资源配置和目标达成过程中存在的问题，尤其是手段对于目标达成是否具有清晰、有力的之城关系，并提出针对问题的解决思路。设定新的绩效目标并层层分解细化，辅以配套的绩效评价指标体系，是降低运行成本、解决信息不对称和委托代理矛盾的有效方式，有助于促进公共治理目标的达成。

在当前，建设结果导向的预算绩效管理体系能够提升公众和政府之间的互信，让公众的直觉的主观判断和政府相对客观的指标体系在共同的结果导向框架内实现趋同，让政府的财政支出活动获得公众更多的理解和支持，公众的诉求也在结果考核的方向下得到政府的及时反馈和有效解决，实现权力的良性运用。

需要强调的是现实中预算配置既是一个管理过程，更是一个不同利益集团的政治博弈过程，并不存在完全意义上的结果导向，各国在预算绩效管理实践中对于预算的决定不仅要看机构以往绩效目标的实现情况，还要结合未来战略目标设置以及与资源配置决定与监督机构（如议会、财政部）谈判的结果综合确定，但这并不影响结果导向配置预算资源的正确性。

2.2 公共财政预算绩效管理的理论属性

财政预算绩效属边缘学科范畴，不同学科对其分析的理论视角不同。政治学主要从预算绩效所体现的政治制度与政治行为之间的因果关系、组织内的妥协、主要利益相关方的权力分配、目标预期等角度分析影响绩效管理过程的因素。经济学则主要从预算角度切入，解决非市场化决策如何确定的问题，例如：公共投票模型、公共预算的规模和结构如何确定、预算政策经济效率的衡量标准等。同时关注预算决策对市场的影响，例如：政府不同的收入支出方案对社会目标、公众福利的影响。管理学把预算看做影响组织行为唯一的、最有效的工具，预算过程不仅是支持政府官员行政的被动角色，而且是积极的决定政府施政计划的有力工具。法学视角则认为要实现政府谨慎并正确地运用自身权力的目标，仅仅依靠政府的自我约束和自我意识是远远不够的；具有法律权威的政府预算将能直接规范、约束与控制政府的具体活动。20 世纪 70 年代末，“新公共管理改革”运动的兴起，使预算绩效突破了学科的界限，各专业视角下预算绩效的理论、原则、方法、技术等与改革实践的需要不断融合，形成了追求高效率、高质量、低成本、重责任、强竞争的新模式。综合看，预算绩效管理具有以下属性。

2.2.1 基本功能——资源配置

财政预算绩效管理是进行资源配置的重要手段，既包括资源在私人部门和公共部门之间的配置，也包括资源在公共产品之间的配置以及在不同期间和发展阶段的配置。当然，公共财政预算本身即具有资源配置的功能，不同的是，预算绩效管理为预算资金的分配提供了最直接的依据，避免了政府分配权力的不当运用。

2.2.2 本质追求——公共产品的有效供给

通过衡量预算支出使得公共利益的改进程度以及所带来的效用与资金投入相匹配的程度，可以将政府各部门、项目的业绩与资金配置相结合，做到有的放矢，并对财政资金使用主体形成一定的约束激励作用，从而以财政资金带动公共产品的科学合理供给。

2.2.3 价值目标——投入产出最大化

量化比较既是绩效决策的前提，也是管理的有效工具，通过投入产出的结果导向促进财政资金合理有效配置已经成为发达国家财政预算绩效管理的主流模式。当然，从绩效管理对象的级次看，从项目到部门再到政策的绩效产出信息的量化难度依次增大，特别是在政策层面上，其产出的量化取决于政策受益范围、对象的明确程度以及其对政策的回应性等因素。所以，如何以量化指标全面客观地反映财政资金的效益是绩效管理的关键。

2.2.4 核心职能——协调与控制

按照瓦格纳法则，随着经济发展和国家职能的扩大，政府财政支出的增幅大于经济增长是必然趋势。但财政支出的一味扩张并不能自发地实现合理的资源配置，其调节作用的发挥更多地依赖于财政支出自身结构的调整。另外，作为公共资金，财政资金的使用和分配存在委托代理问题，当预算剩余收益小于在职消费的收益时，政府预算单位就会寻求更多的在职消费，因此，绩效预算的职能在于从长期构建控制约束机制，防范代理风险。

2.2.5 实施途径——统一责权

公共财政预算是政府运用权力配置资源的过程，绩效预算的结果就是要回答预算执行主体的权利和责任是否匹配的问题，即谁负责实施，谁就应当对资金使用质量和效益承担责任，所以预算编制、执行、评价、调整都应从平衡责权出发，各层面责权关系包括：中央与地方政府预算绩效管理的责权关系、各级政府财政与其他部门预算绩效管理中的责权关系以及财政支出绩效评价过程中委托人、受托人、评价对象之间的责权关系等，以保证绩效预算的实施及监督效果。

2.3 预算绩效管理的理论探索

2.3.1 理性主义

政府公共预算要研究的基本问题是把预算拨款给计划A，而不是计划B的依据在哪里（Key V. O.，1940）？由此，根据梅耶斯（Roy T. Meyers，1996）的研究，公共财政预算的理论可以分为理性主义和现实主义两个方向。理性主义预算理论源于微观经济学中关于理性人假设，即把预算资金分配给A而不是给B的直接原因是A的社会效用大于B，分配的原则则是按照无差异曲线达到A与B的边际效用相等。在方法层面，Lewis（1952）指出，在进行项目预算安排时，可通过分析项目的相对价值、效用、成本等确定最优方案，具体方法包括：不定额预算、限额预算、优先清单、逐项控制等。在实践中，理性预算的理念在西方国家中得到广泛的认同，特别是伴随着数据分析模型与决策工具的广泛应用，理性预算的理念日益得到深化。当然，理性主义并不是要求预算结果的完全理性，而只是反映在决策和目标定位方面的一种方法论。

理性主义是预算绩效治理的思想缘起，其实施是建立在一系列理论假设的基础上，包括：政府部门的目标一致性、绩效可衡量、绩效信息真实有效等。从中国实际看，财政预算的理性化也必须解决清晰界定政府与市场关系、明确预算主体的绩效目标、构建以绩效结果为导向的决策体系等一系列问题。

2.3.2 现实主义

现实主义预算也被称为渐进式预算（Incremental Budgeting Theory），其强调预算决策进程中的政治理性，即“多元主义决策模式是竞争性预算中分配资源的最优办法”，维尔达夫斯基（Wildavsky）认为，鉴于获取信息、资源及认知能力的有限性，公共预算是渐进的而非综合理性的，多元参与的政治决策过程决定了不是所有的投资都能获取最大回报，预算本质上是参与者之间通过相互协商最终达成满意结果的一个讨价还价过程。因此，在编制方法上一般以当年维持组织部门正常运转或项目继续进行所需资金为基数，综合考虑各方利益诉求协调后确定合理份额。因此，在预算决策中对分配对象进行连续比较比全面分析更为有效和理性，预算决策是决策参与各方通过有限、非全面、共同参与的渐进式过程。渐进主义的预算尽管能够综合考虑各方的因素，但无法保证所有的利益方都通过预算结果协商获得相应的预算资金。此外，预算决策权也不应当交由支出机构，而应当由行政首脑综合考虑后进行（Schick，1986）。

坚持预算现实主义的学者还深入探索了预算在实际中存在执行偏差的原因及改进两个方面。一是影响预算偏差的因素。早在 20 世纪末，采登和维尔达夫斯基（Caiden & Widalvsky，1980，1990）指出，在大多数情况下，预算执行的偏差与预算编制中存在的缺陷相关，对于发展中国家财政部门有权控制预算执行，因此当遇到预算编制产生的问题时，往往通过反复的预算调整来减小编制中存在的不足。在体制层面，法制化程度较低的国家预算监督力度较弱，执行偏差也越大越大（Liedo，2013），民主选举是政府财政支出结构发生变化的重要影响因素，选举年的财政支出较非选举年向民生领域倾斜度更大（Clémence Vergne，2009）。在经济层面，GDP 增长、收入压力型政绩评价机制、宏观经济调整中的一次性因素及收入预测中的保守估计等原因导致了市场经济国家预算超收资金的形成（马蔡琛，2008）。在管理层面，预算拨款、预算会计、采购、支出限额以及现金管理、国库职能等都会影响预算执行（Salvatore & Daneil Tommasi，2000；王秀芝，2009）。在财政政策层面，通过加强财政政策约束、建立中期预算构架、提高预算透明度，政府机构执行力的提高均有助于从执行层面提高预算的质量（Beetsma，2013；高培勇，2008）。在结构偏差研究方面：对于低收入国家，预算地位与经济增长呈正相关关系，同时当财政支出结构中以投资、非工资性公共产品和服务为主时，较以工资支出为主对经济促进作用更为明显（Sanjeev Gupta，2005）。二是预算偏差改进研究。在立法层面，预算执行中的预算年度、财政部门执行权、政府采购中对于预算资金使用问题都需要从立法角度加以确立，以确保人大代表对预算执行监督的合法权力（熊伟，2001）。在预算支出结构层面，从政府收入和支出的具体项目看，收入项目中的税收并未反映实际经济情况，反而有所偏离；支出项目之间的预算执行差异较大，基本建设、科教文卫出现正向偏差，而几乎所有自主性较强的支出的波动幅度都较大，误差范围也较其他支出项目较大（刘叔申，2010）。因此，对人的全面发展的投入和现实社会可持续发展的投入应成为新时期中国预算结构调整的主要取向：一要缩减政府投资与消费支出、加大以民生为主的社会建设投入；二要加大“三农”投入；三要加强对教育、健康等人力资本投入（朱青，2008；中国社会科学院财政与贸易经济研究所课题组，2010；李永友，2009）。在预算执行的周期性层面，发展中国家财政政策的不稳定性和顺周期性源于众多因素，其中包括：在国际金融市场获取融资的约束和不稳定性，特别在紧缩时期则更为步履维艰，由此，与发达国家相比较而言，预算行为表现出更为不平稳性和更高的顺周期性，但不等于说发达国家的财政政策就完全逆经济风向行事，就绝对平稳（Manmohan S. Kumar，2005；Alfredo Baldini，2005）。

如果说理性主义的预算观下中国财政预算需借鉴西方发

达国家的先进经验，则现实主义的预算要求中国的绩效预算必须立足于实际，尽可能多地获取预算编制所需的有效信息，以减少偏差，提高编制质量。近年来预算偏差的探讨对研究如何进一步改善预算执行控制很有启示意义。在预算规模偏差分析方面所取得的大量成果，为分析中国预算绩效管理实行的合理性状况及探寻其改进途径提供了良好的文献基础与多样化的研究视角；而关于法治政体与预算执行关系的研究，在制度与预算执行之间搭建起了一座“桥梁”，使本书研究如何通过完善制度要素来改善预算偏差明确有了着力点。不过，现有的研究也存在如下不足之处：缺乏对预算绩效管理实践效果的实证分析，预算绩效的内涵及评价标准框架体系尚不够明确；对于预算绩效管理在财政支出结构优化与周期合理化之间内在关系的理论挖掘与现实考察还不够深入。

2.3.3 公共选择理论

公共选择理论运用了现代经济学分析的方法解释非市场决策和集体决策过程及政府的行为特征，学者从公共产品的供需两端考虑，运用该理论构建了预算的中位投票模型和官僚预算最大化模型。

1. 中位投票模型（Median Voter Model）。中位投票模型是投票结果服从简单多数的规则下，假设投票者人数为奇数，每一成员都有最偏好的议案或公共产品量并且成单峰排列形态（Single - peaked），则必定有一人其最偏好的议案或公共产品数量位于所有议案或公共产品数量的正中，因此，过半数决定的机制下，该投票人的偏好成为全体投票人偏好的代表。预算决策相应地就被转化为中位投票人效用最大化问题。研究者进一步发现，中位收入是界定中位投票者的较好的指标，经验研究也支持具有中位收入的个人就是中位投票人这一结论。

该模型常纳入公共成本负担与收益因素，成为考察公共财政支出是否符合民意的分析工具，例如：Inman（1978）研究了 1968 至 1969 年美国纽约教育支出预算投票情况，发现投票人收入会明显影响教育服务与投票需求，并且验证了中位所得的投票者需求和预算结果最为接近的事实。但是，就适用条件看，如果有一些成员的偏好是双峰值的，按照半数规则进行投票，则投票程序不同会产生不同的结果，即“投票悖论”。

2. 官僚预算最大化模型。该模型由尼斯坎南在 1971 年的著作《官僚制与代议制政府》中提出，在其看来，官僚机构与市场竞争主体一样都追求包括薪资、权力、公众形象、获得下属支持等在内的效用和收益最大化，因此，倾向于不断扩张预算规模，产出结果要么有效率但超过了实际需求量，要么满足实际需求量但没有效率。这两种情况都导致官僚机构规模庞大，即所谓的“政府过剩”现象。尼斯坎南运用新古典经济学中的成本收益方法分析了公共产品和服务被过度供给的现象，即西方代议制政治体制下，选民对公共产品和服务的需求偏好并未得到合理充分的显示，尽管公众要求监督政府，但由于“资助者的角色在其他条件下都可能被削弱或修正”[①]，监督无法发挥实效。

① 尼斯坎南：《官僚与公共经济学》，中国青年出版社 2004 年版，第 265 页。

3

国际财政预算绩效改革与发展历程

3.1 预算绩效管理产生的背景

3.1.1 危机倒逼的现实环境

20 世纪 70 年代，石油危机导致西方国家经济陷入滞胀泥潭。在经济运行方面：高失业率与高通胀率并存，以美国为例：失业率在 1975 年达到 8.5% 的历史高位，通胀率则从 1972 年的 3.3% 上升到 1980 年的 13.6%，实际 GDP 更是出现了负增长，经济风险因素交织叠加。在财政方面，各国政府推出的减税举措直接导致收入的减少，而社会保障支出规模却在不断增加，美国的财政赤字率在1973年到1975年2年时间内由2.5%迅速攀升到6.9%，同期，英国从4%上升到7%，澳大利亚从不足1%上升到4%，韩国从2%上升到4%，经济风险因素交织叠加将世界各国尤其是欧美发达国家拖入困境，传统的投入型政府运作方式难以为继。

在行政体制方面：政府管理也备受诟病，公众普遍认为政府不仅对经济和民生改善效率低下，而且规模庞大，甚至滥用权力，浪费资源，对政府信任度急剧下降，根据美国国家选举研究会（National Election Studies）的调查，美国民众对联邦政府的信任程度从1964年的76%跌落至1980年的25%，一些地方民众甚至拒绝纳税。政府也逐渐认识到，过程管理和权力政府已不再适应后工业经济时代的要求，绩效成为议会用以监督政府的重要创新工具，通过提高行政效率以重树政府形象成为政府行政改革的主要内容。

3.1.2 新公共管理理论兴起

公共选择理论是政府绩效实践理论基础，其借鉴了企业管理中“分权制衡、结果导向、顾客至上”的理念和方法，通过将受托责任转化为明确的结果和产出以改善政府绩效。“新公共管理”运动由此产生，其主张政府职能应从监管向提供公共产品和服务转变，管理角色由划桨者向掌舵人转换，管理导向由“行政垄断”转向市场竞争和顾客中心，要求政府“有使命、有授权、有收益、有预见、讲效果”，以提高服务的质量和效率。

3.1.3 政府权力的法制化

法律与制度、流程最大的不同在于其用来调节政府与人民、政府与环境、政府与权力之间的关系。二战后，西方国家纷纷启动民主化改革进程。在人性本恶的假定下，政府的行为绩效必须被评估和监督，各国建立了行政机关内部的同体问责以及包括议会、法院、选民、媒体、社团等在内的异体问责机制，运用法律对政府行使自由裁量权进行授权控制和程序控制，并要求政府对违法、侵权行为承担必要的法律责任。

为了摆脱经济困境，提高政府效率，西方各国自20世纪80年代起纷纷掀起政府改革热潮，主要思路便是从公共产品和服务的供给绩效入手，借鉴企业管理“分权制衡、结果导向、顾客至上”的理念和方法，通过将受托责任转化为明确的结果和产出以改善政府绩效，要求政府“有使命、有授权、有收益、有预见、讲效果”的“新公共管理”运动由此产生。财政支出绩效改革作为政府改革的首要举措，通过建立支出绩效评价的制度体系，强化财政支出的刚性约束，倒逼政府部门以预定的绩效指标为行动指导，最终实现政府管理职能由监管向提供公共产品和服务转变，管理角色由划桨者向掌舵人转换，管理导向由“行政垄断”向“以市场竞争和顾客为中心”转变。如何将资源分配与政府活动结果相联系相应地成为这一阶段的中心议题。

3.2 发达国家绩效改革实践

3.2.1 以法为纲，透视美国预算绩效改革

1. 个体绩效考核与行为约束阶段。美国南北战争结束后，联邦政府机构实行赐职制，成员贪污腐败现象严重，甚至发生了总统加菲尔德被求官不得者刺杀身亡的恶性事件。由此，美国政府开始对官员行为进行约束和控制，《1883年彭德尔顿联邦文官法》规定：设立有反对党参与的文官委员会，负责对官员的选拔、考核和晋升，建立官员功绩制。1950年，《绩效等级评价法》颁布，要求各政府部门主管根据绩效要素对下级雇员进行评价，结果分为优秀、合格和不合格三级，以此督促其改进业绩，但随后的调查发现，公职人员对于该绩效评价的价值并不认可。同时，调查发现，公众认为，私营部门的业绩评价的体系与方法相对更为有效。于是，1978年10月，美国国会出台了《公务员改革法》，规定了业绩保护委员会的政府机构设置、人事管理代理、开除雇员程序、保护持不同意见雇员、公共部门劳资关系法、中层干部的业绩考核、高层行政公务员法、高层行政公务员考核和业绩制原则与人事管理禁令等内容，细化了各等级官员的业绩要求。加之美苏冷战的政治背景以及水门事件政治丑闻的出现，官员对国家和政府的忠诚也成为政府改革需要考虑的重点，于是

同年，政府又通过了《美国政府道德法》，明确了特定级别以上行政官员每年需向政府申报个人财产，规定设立政府道德办公室，专职负责道德立法和对官员道德的考核评价，之后，政府又陆续颁布了《美国政府道德改革法》(1989年)、《美国政府官员及雇员的行政道德行为准则》(1990年)、《美国行政部门工作人员伦理行为规范》(1992年)等法规，从而形成了比较完备的对政府行政人员行为及结果约束的法律体系。1990年颁布的《首席财务官法案》要求在23家政府机构内部设置首席财务官，其职责包括监督部门机构预算执行，审查各项支出，总结项目绩效，提出成本控制建议等，并采用问责制考察行政人员履职情况，识别政府内部控制缺陷。

2. 政府部门绩效改进阶段。自20世纪70年代，美国经济进入“滞涨期”，国家被越战拖入困境，到1992年，美国联邦政府赤字已达2.9万亿美元，国债9204亿美元，为当年财政收入的3倍。同期，联邦政府机构冗繁，效率低下，组织僵化，制度陈旧，是“大萧条”以来经济政治最为糟糕的时刻，民众对政府缺乏信任，掀起了抗税运动。在此背景下，克林顿政府试图“重塑政府”，将政府公共管理的主要目标由提供公共产品和服务调整为满足社会公众的共同需求。副总统戈尔主持成立了“国家绩效评审委员会”，提出“简化规章、引入竞争、分权授权、结果导向、成本效益”等改革原则。1993年，美国第103届国会颁布《政府绩效与结果法案》，该法案要求每个联邦机构必须报告为期5年的战略规划和每年的绩效情况，该法也成为美国政府绩效改革的法律纲领。该法案的实施一举扭转了美国连续十余年的财政赤字，使美国政府持续推进绩效管理有了法律保障，政府行政效率显著提高。之后，美国国会相继通过一揽子设计联邦政府绩效管理的法案，主要涉及联邦政府三个关键领域：财务管理、信息技术与财政控制。在克林顿连任后，以该法案为基础，联邦政府与地方政府、政府与社会公众的关系由监管与被监管逐渐向合作与协同转化。从 1999 年开始，政府开始制定预算绩效计划，致力于将绩效信息应用于政府预算和管理活动中，2004 年美国国会就该法案的实施情况发表了评估报告，认为该法案为以结果为导向的政府绩效的提升奠定了坚实基础。根据密歇根大学的一项民意调查，公众对政府的信任度较“水门事件”时提升了 2 倍，达到 40% 的历史高点。

2002 年，小布什政府将绩效评估深入至项目、部门以及跨部门预算申请中，以提高资源配置的效率，强化预算与绩效的整合。在联邦政府的项目管理中，政府开发了项目绩效评级工具（Program Assessment Rating Tool，PART）：总统预算与管理办公室将所有的政府项目分为直接联邦项目、竞争性拨款项目、分类/公式拨款项目、管制性项目、资本支出与购买服务、信贷项目、研发项目 7 类，设置项目目的、战略规划、项目管理、项目结果 4 类问题，通过结果打分的形式进行分级，以此提升联邦政府的绩效危机意识；针对部门绩效评估主要通过各机构提交绩效与责任报告进行；针对跨部门的绩效主要考察各部门执行总统管理日程（President Management Agenda，2002）中 5 项改革计划的进展，以三色等级评分卡的形式呈现评估结果。

2011 年，奥巴马政府设计优先绩效目标工具（Priority Goals Tool）取代了 PART，要求 24 个联邦机构设置首席运营官与绩效促进官，在考虑各自规模、职能、范围以及能够获取的资源、信息基础上制定需在未来2年内实现的2至8项优先绩效目标，修订后各机构提交报告的内容要求如表3－1所示。

表3－1　联邦政府机构绩效报告的内容要求

内容要求	计划或报告
1. 机构信息和使命	战略计划、年度绩效计划、年度绩效报告
2. 跨机构优先目标	战略计划、年度绩效计划、季度绩效变更
3. 战略目标	战略计划、年度绩效计划、年度绩效报告
4. 战略任务	战略计划、年度绩效计划、年度绩效报告
5. 机构优先目标	战略计划、年度绩效计划、年度绩效报告、季度绩效变更
6. 绩效目标	战略计划、年度绩效计划、年度绩效报告
7. 其他指标	年度绩效计划、年度绩效报告
8. 其他信息（评价、链接、数据质量等）	战略计划、年度绩效计划、年度绩效报告

优先绩效指标分为机构优先绩效目标和联邦政府优先绩效目标，前者是以能够证明联邦政府机构目标实现与发展情况的结果性数据为依据，主要通过公共参与度、机构效率、行政成本等定量数据的改善体现政府机构工作业绩。联邦政府绩效优先目标由公共与预算管理办公室负责制定，主要包括机构协同运作或涉及多个机构的政策领域所使用的指标，以及联邦政府自身对人、财、物、信息技术等进行管理的绩效指标。总的来看，“结果”是预算拨款和美国政府整体预算编制的基础，保证了预算工作的内容、环节的效率和预期效益的实现。

3.2.2 契约精神，英国公共服务协议的全面绩效评估

英国是实行地方分权的单一制国家，中央财政主要负责国防、司法、外交等领域的财政支出，地方政府主要负责本辖区内交通、教育、医疗、住房等公共基础设施和服务支出。为摆脱20世纪70年代末的滞涨危机和政府公共支出失控的局面，撒切尔、梅杰政府进行了大刀阔斧的改革（见表3－2）。

表3－2　英国政府绩效改革里程碑

时间	名称	内　容	效　果
1979	雷　纳评审	引入市场机制从投入产出角度对各部门的工作效率进行评价；政府角色从提供公共产品向购买服务转变；建立政策执行机构，分离政府的政策制定和服务提供的职能	截至1985年，共评审155个项目，年节约开支4.21亿英镑①，从1979年到1987年，共实施了300多项计划，节省政府开支10亿英镑。中央政府公职人员由当时的75万人减少到现在46.8万人
1980	部长管理信息系统	将目标管理、绩效评价等企业管理和信息搜集技术引入政府管理	建立了为部门管理者提供决策参考的信息管理系统，为全面绩效评价的开展奠定基础

① Kemp, P. －, Next Steps for the British Civil Service [J]. Governance: An International Journal of Policy and Administration, 1990, April.

续表

时间	名称	内　　容	效　　果
1982	财务管理新方案	要求各级政府设立明确的绩效目标；在评价中引入经济、效率、效益等方面的量化指标；适度分权	形成行政改革的总蓝图
1991	公民宪章运动	在全国推行公共服务承诺制度，要求服务质量与公民支付的价值对等	“一站式窗口服务”兴起，为工党赢得广泛的民意支持
1997	全面支出评审	要求对各部门预算支出进行综合审查，并建立三年滚动支出计划，各政府部门须与财政部签订公共服务协议	财政部在政府绩效评价中开始发挥重要作用
1999	政府现代化	经过十年改革，要打造一个结果导向，顾客导向，合作与有效的信息时代下的新政府	形成政府公共服务管理 + 市场竞争机制 + 使用者反馈 + 能力建设的绩效改革推进模式
2001	全面绩效评价	提出“最佳价值”概念，要求地方政府持续改进服务水平。	兼顾现阶段绩效与未来发展能力的全新评价框架

1997 年，布莱尔政府提出“改进政策制定—强调结果导向、改进民众需求回应—强化政府与民众互动、改进公共服务提供—注重质量评估”的执政理念。在职能范围上，通过公共服务协议（Public Service Agreement，PSA）的形式将上届政府有选择地对公共服务采用强制竞争性投标的政策转为构建与地方政府、公民及组织间的合作伙伴关系，以协议明确公共支出政策所要达到的目标，政府每年向议会提交秋季绩效评估报告（Autumn Performance Report）接受议会

监督。公共服务协议的实行结束了各部门向财政部申请经费讨价还价的局面；财政部负责对所有公共服务政策的绩效进行审查，审查结果与财政投入相挂钩；提出地方政府实现“最佳价值”的核心原则：挑战自我、与其他公共服机构比较服务绩效，开展竞争，充分与民众协商。

公共服务协议是由各部门在获得预算资金时与财政部签订的三年期协议，明确将要完成的战略目标、绩效目标和产出的关键绩效指标，并对财政支出领域的各个层级和内容均有详尽的规定，其执行情况由政府预算责任办公室和议会进行监督，议会的预算监督最为严格，并且完全以结果为导向。财政部、内阁委员会定期对绩效完成情况进行检查，财政部按季收集绩效信息并向内阁委员会报告。各部门每年两次就协议完成情况向议会提交报告，春季报告在每年的12月份提交，说明预算进程；秋季报告在一个财政年度结束后提交，说明部门绩效任务的最终完成情况。

在公共服务协议签订后，各机构会将绩效目标进行分解、落实到机构内部各部门，各部门再按照绩效目标和指标制定行动策略。以2004年为例，财政部提出在未来三年年节约财政支出1770万英镑的目标，分解后，核心财政局及其执行机关和办公室1190万英镑，政府商务办公室（主要负责政府采购计划政策的制定）400万英镑，债务管理办公室100万英镑，政府商务执行局180万英镑。在核心财政局层面，1190万英镑被继续分解为：政策、基金及监管处的谨慎性预算与合作工作500万英镑，战略储备400万英镑，项目部分290万英镑。在谨慎性预算与合作方面具体活动包括：人力、资金、信息三个方面的提质增效。以信息为例：具体措施包括拓展和改进IT系统在政府部门的应用，通过与其他部门的信息共享服务提升效率等，评价指标包括：人力成本节约、公众满意度等。

英国财政赤字长期居高不下，因此，控制支出一直是英国财政部的工作重心。英国政府从 1998 年开始，在设定三年财政支出限额的同时，还定期公布支出的效果，并对纳税人做出承诺，各机构须按照《公共支出框架》的要求对预算需求进行详细的自查，财政部负责公共支出审查协调工作。该模式的显著特点是以“政府责任状”形式提高对公共资金使用的绩效意识，并给予政府更多的施政自由以实现目标。

在评价机制方面，英国政府内部的绩效考评采取分权化模式，即部门的考评工作主要由部门进行自评估，由部门负责人监督执行。除部门负责自评外，其他部门或机构主要是提供指导监督。如财政部代表政府与公共部门签订服务协议，并提供财政预算资源，为保证公共支出目标实现，每年对一些政府预算执行情况进行综合绩效考评；内阁公共服务和公共支出委员会主要负责中央政府绩效考评的指导和监督，其成员由首相助理和财政大臣等内阁组成，代表内阁对各部门的公共服务协议进行检查和监督，并相应提出建议。同时，在地方政府层面引入最佳评价制度，倡导通过最佳评价制度提高地方公共服务质量。

在评价范围上，英国财政政策评估涉及所有的重大开支，以及在实施前的各种建议都归入评估范围。

在评价标准方面，英国 1999 年颁布的《政府现代化白皮书》强调政府追求三个目标：确保政策的高度协调性和战略性，结果导向以及公众的广泛参与；以公共服务的使用者为中心，确保公共服务更符合人民需要；确保公共服务具有高效率和高质量等。

2003年，英国财政部颁布了《中央政府评价绿皮书》，就评价工作进行指导和规范，以提升政策制定和资源分配的有效性，内容包括：政策和项目确立；资本项目更新；监管政策的标准细化；主要的采购决策等。在原理论证、目标设定、考核指标、绩效监测、评价和反馈（缩写ROAMEF）政策评估的各个环节提供指导。该文件明确政策评价应从成本收益分析和成本效率分析两个角度展开，评价标准应囊括政策产生的所有类型的收益。政策应当有明确的目标，政策产出目标应当和政府目标保持一致，绩效应当可计量并披露和报告。在目标设定方面，遵循SMART原则，即要具备明确性（Specific）、可衡量（Measurable）、可实现（Achievable）、相关性（Relevant）、时效性（Timed）5项要素，从投入、产出、成果、效率4个维度设计相关评价指标。以绿皮书为指导，其他政府机构也结合自身实际制订了评估战略规则。例如：2010年，英国商务创新和技术部颁布了《评估战略——以证据为基础的政策评价在决策中的作用》，阐释了指导未来支出的重要因素的政策评价如何做到保证结果的客观性、及时吸取经验教训。

2010年，英国财政赤字达到二战以来的最高水平，控制支出成为议会监督的中心任务，部门业务管理取代了原来的公共服务协议，用以设定各部门和各类支出上限，预算责任办公室负责确定各类支出上限水平，对于超过上限的年度支出由议会讨论投票并对相应的缩减支出计划进行决策，如果政府经费支出出现剩余，则须退还国家基金账户。

2010年，英国财政部下设了预算责任办公室，就英国财政情况发表独立权威的意见，是世界众多国家设立的“财政看门狗”中的一员[①]。该机构除了承担预测经济财政前景、分析国家财政情况、评估财政风险等职能之外，还承担目标绩效评价和税收及福利政策成本审查两项重要职能，并就相关信息与成果提交至斯敏斯特、爱丁堡和加的夫议会委员会。目标绩效评价主要是评判财政绩效及公共福利支出绩效，在实际应用中取得了良好效果，根据2013年英国针对跨部门协作的绩效审计结果，当年节约公共开支12亿英镑。

2015年7月，英国政府提出两项中期财政目标：一是在2019—2020财年维持经济增速的前提下，实现预算盈余；二是在2015—2016到2019—2020财年降低公共部门净负债率。此外，还有政府自己设置的社保和税收抵免支出限额目标，预算责任办公室须就其目标实现程度定期做出评估并发布相关报告。

在税收和福利政策审查方面，该机构主要就税收和福利支出的成本核算进行审查，评估相关成本的合理性和必要性。

2015年，英国财政部发布了该评估指引的修订版，主要对政策的非市场价值评估方面做出调整和补充，例如：如何评价健康收益、一项防止死亡事故或预防损伤的政策的价值等。此外，该指引还对如何分析政府干预、非市场因素、土地和建筑物、风险和不确定性等对政策绩效和价值评估的影响提供了操作建议。

3.2.3 评价先行，韩国的《政府绩效评估框架法案》

自20世纪60年代起，韩国政府便赋予内阁对政务的审

① http：//budgetresponsibility. org. uk/about - the - obr/what - we - do/.

查分析职能，1962 年，韩国政体由内阁制转为总统制，成立了总理直接领导的政府评估专门机构“企划调整室”。1981 年，该机构被撤销，相应的职能移交至“经济企划院”下属的“审查分析局”，与总理负责的“行政调整室”共同承担政府政策评估工作。1994 年，政府对两家机构的职能进行了整合，成立新的行政调整室，由总理对政府评估全权负责。

金大中政府执政后，将政府行政目标定位于“企业家式管理”，强调政府工作的“产出”，颁布了《关于对政府工作的审查评价和调整的规定》。由此，绩效评估成为行政改革的前置环节，韩国政府成立了直接向总统负责的经营诊断委员会，该委员会负责拟订了《政府成果管理法》，之后又陆续颁布了涵盖业务评价、成果管理、绩效报告等内容的多项制度。2001 年，《关于政府业务等评价基本法》颁布，企划预算处、人事委员会、情报通信部、行政自治部等政府部门开始实施绩效评估，目标管理被引入对公务员的绩效考核中。2006 年，《政府业务评价基本法》颁布，规定政府评估的范围包括中央行政部门、地方自治团体和公共机关；各部门负责人应制定本部门未来五年的战略计划及各年度的绩效行动计划。在部门绩效评估方面，该法还强调各部门应以内部自评为主，并规定了评估的主体、程序、方式等，各部门应将评估结果上报政府事务评价委员会，由其进行统一进行审查。此外，对于一些国政课题，政府事务评价委员会直接负责评估工作，该委员会的机构与人员设置如图 3－1、3－2 所示。

2012 年韩国政府评估涉及的领域及权重如表 3－3 所示。

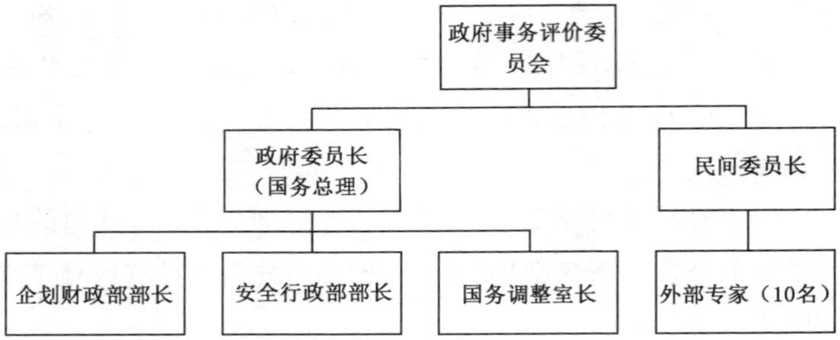

图 3-1　韩国政府事务评价委员会人员构成

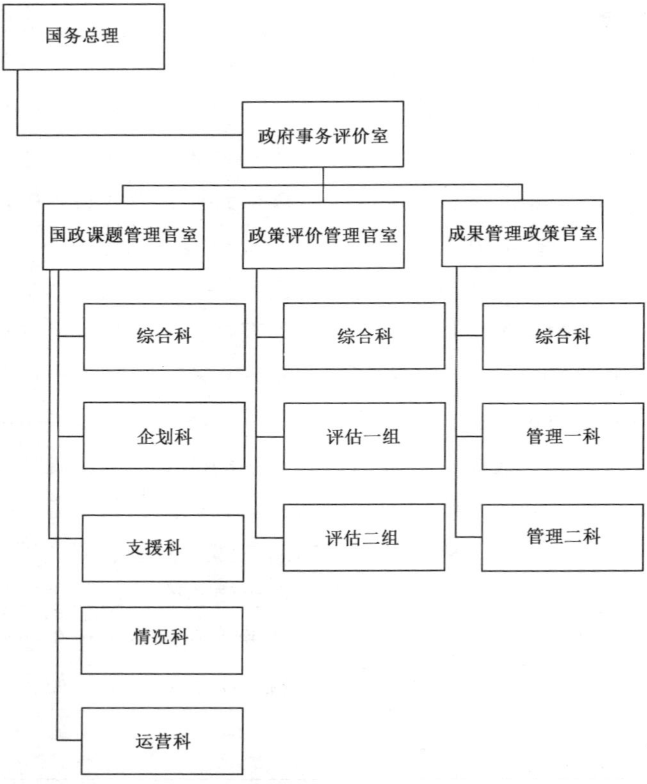

图 3-2　韩国政府事务评价室机构设置

表 3-3　　韩国政府评估对象及内容

对象	内容
核心课题	政策形成（20分）、政策执行（30分）、政策成果（50分）
创造就业	政策形成（25分）、政策执行（30分）、政策成果（35分）、政策满意度（10分）
绿色成长	计划过程（20分）、执行过程（30分）、产出过程（50分）
政策管理力量	政策问题管理（15分）、政策调整和综合管理（40分）、特定政策执行管理（35分）、主要政策执行管理（10分，可以加5分）
规制改革	综合成果评估（70分）和重点课题成果评估（30分）
政策宣传	企划合作（10分）、沟通活动（48分）以及成果扩散（42分）
国民政策满意度	项目满意度和体感满意度，利用里克特量表（11点选项）进行测量

以对公共机构的评估为例，2012年韩国组织159名专家对111家公共机构（主要包括：公有企业、准政府机构及中小型公共机构）进行评估。根据评估报告，在评估中要特别反映政府由于违反和放宽法律标准所招致的公众批评、相关机构业绩改进的情况和管理的透明度。评级结果显示，7家机构和一位负责人得到E级（最低评级），16家机构和9位负责人得到D级（次低级别）。对于绩效不佳的机构，将对其负责人予以警告或解雇，并扣除相应报酬。此外，政府在评价报告中承诺，将对绩效表现优秀的机构整理成相关经验成果进行推广，未来，政府将致力于努力提高管理绩效的有效性评价，同时缓解机构的评价

负担。

3.2.4 放权提效，日本绩效改革

自20世纪70年代末以来，日本经济便开始出现负增长，财政状况恶化，至1979年，赤字国债发行量已达15.27万亿日元，政府经常支出对国债的依存率高达39.6%，超过了公认的30%的“危机线”①。为应对危机，政府最初企图通过增加法人税以消除赤字，但该举立即招致社会公众的不满，因此，日本在增收与节支之间不得不选择后者，即通过精简政府行政机构，提高运行效率以节约开支。为此，日本政府于1981年3月再次成立临时行政调查会（以下简称“二次临调”），进行“财政再建”，以推进行政改革。

日本政府绩效评价始于20世纪90年代，时值日本经济陷入长期低迷中，自1992年，日本政府一直采取扩大投资的政策刺激经济，但随着其人口老龄化，社保支出规模不断攀升，加之90年代中期减税政策的推行，财政的入不敷出成了常态，“政官财”的共生体系难以为继，“赶超型”经济发展模式亟待转型，在财政方面，各部门都在竞争尽可能多的财政资金，大藏省只负责汇总各部门预算，并不去深入分析支出项目的必要性和轻重缓急，造成财政资金分配形成了各部门固有的利益格局，各领域的投资也不会按照经济形

① 蒋立峰：《日本政治概论》，东方出版社1995年版，第260页。

势的变化进行调整[1]。政府中长期以来奉行的僵化的官僚制成为当局推行政治改革以缓解经济衰退的突破口，在中央层级，政府将中央省厅按行政目的重新进行了职能划分，并建立了吸纳社会各方人士参与的审议会，使公众能够全方位、多层次地参与政府决策。在地方层面，1995 年，静冈县、北海道、三重县三家地方自治体政府也率先进行了本辖区内的事业事务评价；1997 年，中央政府开始在六省厅范围内实施公共事业评价；2001 年，日本政府制定“政策评价法”（即《关于行政机关实行政策评价的法律》，2002 年施行），对于政府评价的目的、原则、对象、方针、方法及报告制度进行了系统规定。在评价方法方面，要求采用目标管理的事后评价方法，即对某一项具体政策的目标完成情况以三年为一周期展开评价，对于可量化指标分为 A′（超过目标值 150% 以上）、A（超过目标值 90% 以上，150% 以下）、B（完成目标的 50% 至 90%）、C（完成目标的 50% 以下）四类，在各部提交的评价报告中须包括指标完成情况、总体目标实现程度、对指标变动的原因分析及下一阶段所采取的工作措施等内容。

日本内务省成立了政策评估委员会，下设政策评估体系委员会、目标管理型政策评价工作组和监督评价工作组，专门研究相关评估方法和规则的改进措施，并对重点政策评估实施有效检查。根据内务省的报告，2014 年政府政策评价覆盖了 17 个部的 296 项政策，四个重点领域包

① 例如：1985 年以来，在公共事业投资中，建设省主管的部分始终占 68% 以上；农林省主管的部分在 20%—22% 之间；在公共投资领域，公路建设投资一直占 30% 左右，机场和港口建设投资一直占 8% 左右。详见：〔日〕《经济学家》1997 年 4 月 7 日，第 70 页。

括：一是目标管理型的政策评价，未来评价工作的改进重点在于深入分析目标设置的合理性和其与目标结果的关系；检验分项目标对于总目标实现的贡献；强化政策评估与行政业务部门的信息沟通。二是相关法规的事前分析和预判，通过法规评估，能够提高法规政策的实施效率，并赢得社会公众的支持，评估内容包括该项政策的成本和收益的权衡或根据特定时间和条件下政策的实施效果的预判等，未来评价工作改进的重点在于提高评价质量、促进结果的应用以及针对评价中发现的问题提出有效的改进措施。三是按照租税特别措施法的政策评估。四是公共事业的评价（见表3-4）。

表3-4　　日本政府绩效改革历程

时间	名称	内　容	效　果
1981	第二次临调	以“行政改革不是财政再建的手段，财政再建是行政改革的手段”为基本思想，实施国企民营化改革	将行政改革拓展至公共服务部门和企业，引入专业的评价力量
1993	放宽限制计划	细川内阁在1993年9月提出放宽公共服务领域市场限制	1995至1997年间，在住宅、金融等领域房款1091项限制
1997	财政结构改革	在社会保障、公共投资、文教卫生等领域压缩支出，削减制度性财政补贴，控制国债发行并简政提效	一定程度上减少了支出规模，提高了投资效率
1998	行政机构改组	《中央省厅等改革基本法案》颁布，设立独立行政法人制度以提高效率	从2001年开始的10年内，国家公务员人数缩减10%

1998年，日本成立了中央省厅行政改革推进本部，在

该机构的推进下，政府将职能相近或具有密切关系的机构重组为大部，1999 年，日本内阁会议通过将总务省的行政监察局改为行政评价局，其主要职能包括：搭建行政评价的基础框架，选择具体领域制定行政评价相关程序，行使中央政府层级的行政评价职能，编写、汇总年度评价总报告①，推进评价工作开展等，主要权限包括：依法对行政行为进行调查核实，就特定事项向行政机关提出改进建议的劝告权，将评价结果向上级汇报并提出建议的权力，对于评价结果，总务大臣会在内阁会议上要求负责的部长对相关工作的改进情况在未来 6—18 个月期间进行再评价（见图 3－3）。

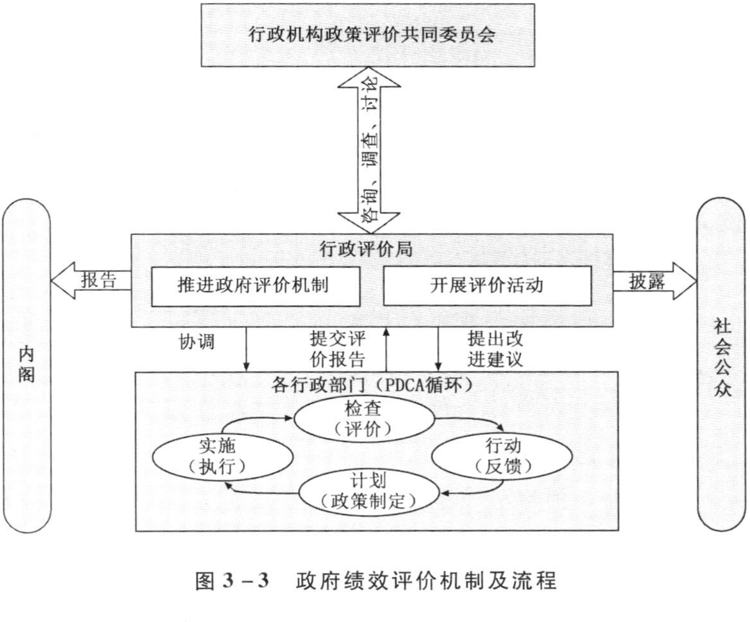

图 3－3 政府绩效评价机制及流程

① 2012 年汇总各机构的评价报告达到 2631 份。

在组织形式上，主要由各部门成立有第三方参与的自评机构开展各机构内部评价，中央政府层面则由总务省行政评价局负责实施跨部门评价、再评价和担保评价[①]，该机构在北海道等8个管区设有分支机构，在都道府县设有42家行政评价事务所或行政评价分室。

日本政府绩效评价主要包括以下四方面内容：一是政策评价，即按照政策评价法的要求，对各省（中央部门）、府（地方政府）计划、目标完成情况从必要性、公平性、效率、效益等方面进行评价，一般由下级部门自评，行政评价局进行再评价，行政评价局意见要提交内阁总理大臣，必要时交国会讨论。二是日常行政监察，即对业务实施进展进行督导。三是对独立法人及各行政机关直属事业单位的业绩进行审议，结果要报至总务大臣和各省府大臣。四是行政相谈，即与社会公众就绩效改进加强联系，听取国民及社会各界对绩效评价的相关意见并及时处理和反馈。行政评价局拥有调查、劝告和建议权，可以对各行政机关进行调查核实并要求提供相关资料和工作配合，被调查者不得拒绝，业可就相关问题向行政机关提出改进建议，或向首相提出建议乃至直接向国会报告。行政评价局没有行政处罚权，被评价对象对其处理意见存在异议的可以向法院起诉。

此外，为保障政策评价的切实可行，日本的政策评价法还对评价的配套机制进行规定：一是日本非常重视评价中引入专家和社会中介力量，以增强评价的专业性和客观

① 担保评价即对于机构无法决定实施与否的某些政策，可申请由行政评价局与本机构共同开展的评价。

性，要求在评价计划和提交的评价报告中公布专家学者的情况和在工作中承担的职责。二是在信息披露方面，政策评价法规定政府各部门负责人每年应将本部门的政策制定、实施及评价结果向总务大臣报告并利用互联网对外披露。三是注重评价应纳入政策从论证到实施的全过程，《政策评价法》明确：针对研发项目、政府开发援助项目和公共事务等政策必须进行事前评价，以此不断发现问题并及时改进。

从2012年开始，行政评价局就重大政策的事后评价引入了标准的呈报格式，使得各部的评价报告更具可比性。各部还须准备政策的实施情况、目标及实现情况的初步分析。2014年行政评价局又针对各部评价工作标准化和主要政策制定了共同规则，并建立了网站提供评价信息的链接和基础数据，方便公众在线查询①。政策评价对于日本改进政策治理效果发挥了重要作用，成为日本政府有力的政绩检验工具，在2002—2009财年间，各部门共有241个公共建设项目因政策评价结果而被推迟或取消，涉及金额约4.1万亿日元（约3300亿元人民币）。2009财年各部门评价的389项政策中，有163项（占42%）在当年得到了修订或改进。2015年，行政评价局就个别部门提出的在2015财年进行税制改革的建议，开展了144项针对现行政策的评价，并要求其中133项评价进行补充和辅助说明，并将相关结果提交税收主管部门。

① http://www.soumu.go.jp/main_sosiki/hyouka/seisaku_n/portal/index.html.

3.2.5 服务承诺，新加坡面向21世纪的公共服务改进计划

新加坡政府只有中央一级，没有地方政府，由总理公署和教育、卫生、交通等15个部门组成。新加坡具有中央集权、理性、务实、法制化的治理特征，官员分为“政务官”和“事务官”，前者主要通过民主选举产生，后者则是由政府雇佣或直接任命。新加坡奉行“精英政治（Meritocracy）”，能够在政府部门中担任要职是那些拥有技能、绩效以及对国家忠诚的人，为国家治理奠定了人力资源方面的坚实基础。

1995年，新加坡政府提出“面向21世纪的公共服务改进计划”，并成立了“公共服务计划委员会”，旨在运用现代管理工具提高政府服务质量，具体职责包括：提高服务质量满足内外部客户要求；塑造应对变革和持续改进的服务理念；设计绩效评审的相关程序与方法等。该举措实施之后，所有政府部门都面向社会公布了各自的绩效标准和服务质量承诺。目前，政府部门的绩效评价工作由新加坡财政部绩效与组织司主导开展，主要运用部门自行设定的关键指标考察其实际业绩和战略愿景目标的完成情况。新加坡政府部门绩效考核结果与预算资金分配并不存在直接相关的关系，各部门的预算资金按照国家当年GDP的一定比例确定上限，实行预算限额控制，以平滑经济波动对财政预算的影响，限额内预算由各部门自行支配，使得预算刚性约束与各部门执行的灵活性得以有机结合，为各部门发挥能动性完成绩效目标提供有力保障。绩效考核的结

果更多地被用于改进部门自身管理，提高部门战略的前瞻性。

新加坡对各部门财政支出绩效的考核主要通过预算完成比例、目标完成情况、净经济价值（NEV）三项指标进行。其中较有特点的是净经济价值（NEV），该指标的设计思路源于企业的经济增加值（EVA）指标，通过核算部门的支出资本化情况评价财政资金的使用效果，督促各部门增收节支。

新加坡在财政支出方面为政府绩效提供的另一项保障是政府储备制度，宪法规定，政府不得挪用历年的财政收入积累，每届政府必须实现任期内的财政收支平衡，并且政府将财政投资净收益转作当年支出的比例不得高于50%，这既保障了财源稳定，又避免政府选举换届政治条件下的短视或突击花钱。

3.2.6 能力引领，澳大利亚的高绩效治理系统

20世纪80年代，澳大利亚（以下简称澳）就开始着手对财政管理体制进行深层调整，陆续出台了1984年《财务管理新方案》、1994年修订的《公共服务法》和1997年颁布的《审计长法》、《财务管理与责任法案》等，2007年开始针对政府政策制定能力的评价。这其中，澳大利亚在绩效预算改革方面的经验尤其值得关注。1987年，澳公共服务委员会成立以后，人事任用由代理机构承担，中央对行政的控制权主要通过财政部的预算控制职能来实现，为保障政策的协调性，澳大利亚对各部门的职能实施了“大部制”整合，任命高级组合部长并赋予一定的财权。在新公共管理改

革期间，澳大利亚减少政府直接提供公共产品和服务的职能，同时增加政府采购和监管职能，比如：设立独立的医疗定价局、国家卫生绩效局等监管机构，对服务的质量和绩效进行评定管理，这样政府身份变为公共服务的购买方，各部门的职责是向购买方提供符合质量和价格要求的公共产品与服务。同时与之配套的是“规划预算管理制度”，即政府须按照财政部提供的绩效测量和评价工具编制预算，以明确可量化的成果（包括部门的一般性支出和项目支出）反映政府的改善人民福祉的作用并强化议会监督质量，提高政府公共管理的“可问责性”。

随着放权的理念逐步推行，预算改革的重心逐渐转移到如何平衡议会监督权、中央控制权、部门自主权之间的关系上来，澳大利亚设置了支出审议委员会、业务预算报告制度等，比较有特色的是绩效督导委员会，该委员会成员来自中央机构和州府各核心部门，如国家总理、财政部长等。便于进行跨部门、跨辖区监督预评价。此外，澳大利亚还建立了四年的预算预测方案，在部门层面引入了“部门高效红利”的激励机制，项目管理和预算办法的控制机制和权责发生制会计机制。

当然，要强调绩效对资源的决定性作用，也不能忽视基本公共服务在各省间的均等化，澳大利亚自20世纪30年代便设立了由联邦政府和州政府指定成员构成的联邦拨款委员会（CGC），向代表政府的部长会议提供财政资金分配方面高度专业的技术建议，到90年代，政府理事会（COAG）取代了部长会议，并且在2008年增设了独立的改革委员会，评估政府治理效率（见表3－5）。

表 3-5　　澳大利亚政府绩效改革历程

时间	名称	内容	效果
1983	财政管理改革方案	公共服务的公司制管理，财政预算程序化，开展绩效评估	政府绩效改革进入市场化阶段
1984	公共部门改革方案	建设开放、有效的公共部门；分权，放松管制	在强化监督的基础上，促进了部门竞争
1987	公共服务委员会成立	隶属总理与内阁大臣部，主导澳大利亚公共服务的评价与报告	建立了政府绩效的专职组织管理机构
1997	财政管理和问责法案；企业与公司法案	对行政机关要求权力和绩效相匹配，即对于合理高效利用财政资金的主管应给予更多自主权	为缩减财政支出，提高绩效奠定制度基础
1999	公共服务法案、议会服务法案	取代 1997 年的《财政管理和问责法》，构建了“联邦实体”（Commonwealth Entities）①的绩效框架，以促其合理利用公共资源、提升其绩效和治理水平、强化责任	为公共服务整体框架的建立提供法律范式，实现从支出预算到绩效预算的转变
2007	部门能力评价	由公共服务委员会负责对 25 个部门和机构进行评价	以能力为中心，构建绩效持续发挥作用的长效机制

① 包括政府、议会以及按照联邦法律建立的组织等，不含最高法院和主权财富基金董事会。

续表

时间	名称	内容	效果
2010	公共服务改革新蓝图	提出在满足公众需求、强化战略、精减人员、提高行政标准及效率四个方面进行改革①	明确未来绩效的思路、目标
2013	公共部门与公共服务法案修正案	提出公共服务“公正、承诺、责任、尊重、诚信”的价值导向	将服务效率和服务能力纳入“价值范畴”

1983 年，第一届新工党政府推行“重构总理控制力和增加政府对决策及优先权的责任的机制”的改革，标志着澳大利亚公共服务改革的开始。

澳大利亚的行政改革始终以绩效为核心，从公务员管理、明确战略目标到绩效评价组织设立都贯穿绩效的理念，并且财政支出始终是政府绩效改革的重要内容，20 世纪 80 年代便开始实行严格的财务报告制度，90 年代出台了多部财政管理法案，2013 年新一届政府依然把财政作为绩效改革的突破口，颁布了《澳大利亚政府治理绩效与责任法案》，目的是构建适用于国家整体的治理及责任框架，提高联邦政府治理标准，促进部门之间的合作与沟通，改进向议会和公众提交信息的质量。

2007 年，机构能力管理评估的主要内容包括：

机构能力评价——对重点机构的管理能力进行独立审

① Andrew Podger, “Mostly Welcome, but are the Politicians fully Awareof What They have Done?”, AJPA, 2013, No. 2.

查，以评价其满足澳大利亚政府目标，应对未来挑战的能力；

机构能力改进——与个别机构合作，确保审查结果转化为具体的能力改进措施；

公共服务能力建设——提出针对澳大利亚整体服务能力建设的挑战与解决方案。

能力评价是对行政机构应对未来挑战、提升绩效能力以实现战略目标所做的综合性、前瞻性评价。委员会构建了一套能力评价的框架体系，用以在机构间识别和推进决策以提升机构能力，能力由战略、领导、执行三部分要素构成，每项要素又具体划分为多项子要素，如执行包括：管理绩效，共同的承诺及合理的执行标准，计划、资源及优先顺序，执行革新等方面。每项能力均由三名独立专家领导实施，外部专家多数是前联邦和州政府机构首脑和私营部门的高管，评价结果将提交给机构负责人和公共服务委员会专员。

能力评价的对象主要是政府的制度建设，因而避免了由于地区禀赋差异造成的结果不具有可比性的弊端，并且多数属于政府外部评估，更多地反映社会公众的愿望和诉求，但该理念下指标选取和量化难度大，在欧美等国政府、公众的接受和认同度不高。

3.2.7 合理分权，新西兰的绩效改进框架

新西兰政府绩效实践被誉为“新公共管理改革的典范”，第二次世界大战后至20世纪70年代以前，新西兰的经济一直依靠出口保持繁荣稳定，受70年代末石油危机的冲击，国内经济出现下滑，财政收支失衡，失业率高企，

1985年新西兰债务率攀升至41%，并且，在“全员雇用”的政治理念下，政府直接介入商业产品和服务供给，参与了60%的国民经济活动，投资占到国家总投资的14%，除少数加工制造业之外，对几乎所有的国有企业（以下简称国企）进行补贴，企业经营效率低下，委托代理问题严重。

与日本相似，新西兰最初应对危机也采用了财政刺激政策，导致1974—1976年间，赤字率从4%骤增至11%，至1984年达到9%，就业率、通货膨胀率也随之恶化。反思原因后新西兰政府发现，对于财政资源从投入角度加以控制并未带来预期的高绩效，预算运行的结果更多地受到制度惯性的影响。政府未来施策的重点和绩效要求无法在预算中得到反映。鉴于此，80年代中期，新西兰由财政部主导开始对行政部门进行大刀阔斧的改革，取消了财政补贴，推行国有企业的公司制和私有化，铁路、银行、保险等国企被出售，用私有化资金偿还了国家债务，国有资产的比例迅速下降至5%，但质量却大大提高，长期亏损的邮政、煤炭等企业都实现扭亏为盈。1986年，国有企业改革的成功经验被引入行政改革领域，1988年《国家部门法》颁布，设计了“政策制定与执行”相分离的制度，提出在公共服务中引入市场竞争机制和绩效管理，大型政府机构被按照功能加以分解，部门负责人则主要决定部门绩效目标，不再参与管理，并与承担执行职能的主管签订绩效协议，从而形成了“小政府，大服务”的行政架构。到90年代中期，改革十年间，新西兰政府行政人员规模压缩了60%，地方行政机构由700家缩减至70多家。这一过程中，预算绩效对政府行政的改革发挥了基础性作用，提高了公共财政资金的使用效益，有效带动了经济复苏，1994年经济增长率达到6.3%，通胀率降至1.8%（见表3-6）。

表3-6 新西兰政府绩效改革历程

时间	名称	内容	效果
1986	国有企业法	把一部分公共事业机构从行政部门中分离出来组成国有持股公司，自负盈亏，政府不提供信贷或担保支持；在公共产品领域引入私营企业和市场竞争	截至1989年，除铁路外，所有的企业补贴取消，大部分国企盈利①，到1992年，国企利润翻了4倍
1988	国家部门法	在政府公共部门采用企业的管理机制，通过绩效考核提高效率，设立首席执行官，部级官员也采用五年期限的合同聘用制度	打破公务员终身制，将政策制定和执行职能分开
2009	标杆管理支持体系（Benchmarking Administrative and Support Service）	由财政部主导各部门提供标杆管理服务报告，通过跨部门、跨年度对比反映投入产出绩效	进一步完善了绩效信息系统，提升了信息的透明度和可比性
2011	公共服务优化（Better Public Service）	为进一步激励作为雇员的各部门首席执行官提高绩效，新西兰政府提出了，重点改进了绩效标准，要求委员会定期组织部长会议，就绩效信息和改进建议进行协调、沟通，以保证绩效信息系统的有效运行	提高了部门负责人的领导能力，完善了政府绩效信息的沟通体系

① Massey, P.（1995）. New Zealand: Market Liberalization in a Developed Economy. London: St. Martin's Press.

2009年开始，新西兰政府实施了标杆管理支持体系，要求政府部门报告其在行政管理和支持服务方面的开支情况，同时也可以让每个政府部门看到其他部门的开支情况，以此起到激励有效开支的目标。首先，财政部会有一份总体报告，每个部门也会有自己的报告公布。公布报告的目的是提供政府开支的透明性，并且为绩效评估提供依据，以敦促政府部门提高开支的有效性，避免不必要的行政管理和支持服务支出。通过每年向财政部提交自评报告（由财政部提供评估方法论以及相关的自评可参考的标杆指标），帮助每个政府部门提升管理的有效性。

标杆评估工作由财政部主导，包括提供实际的指导，如建立模型、数据收集、验证和分析数据、汇总报告。财政部自行完成大部分的工作，但也吸收第三方的支持，如APQC、The Hackett Group，寻求它们在数据比较、专家分析方面的支持，当然财政部也和其他海外国家的财政同僚沟通寻求比较数据方面的支持。

同年，新西兰政府提出了绩效改进框架（PIF），主要对机构运行状态进行评估，从而对未来绩效目标能否实现得出预测结论，并以此为基础得出改进框架，该框架要让管理者回答的是我所在的机构在中期能为国家做出哪些贡献？框架由结果和组织管理两部分组成，结果部分主要评价政府优先项目和核心商业的进展及交付情况，组织管理部分涉及领导方向、对公众的服务、伙伴关系、人员发展、财务及资源管理5个部分，评估的主要框架如图3－4所示。在此基础上，每个维度的评估都被具体化为30项评估问题，通过不同维度的评估，评估结果以“红绿灯”式的评级结果显示，而评级结果会在各部门间、每个部门的不同时间段间进行应用（见图3－4）。

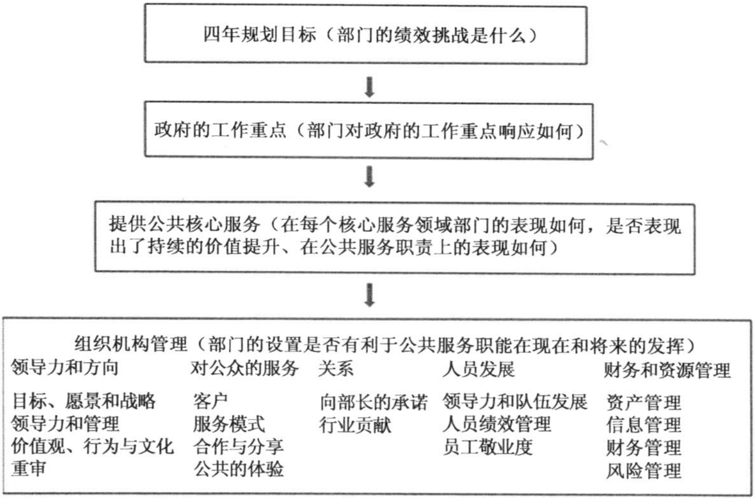

图3－4　绩效改进框架范本

目前，该框架已经经过了四次修订，对于公共服务绩效从投入导向到结果导向以及从以机构为中心到以顾客为中心的转化提供了有效的制度工具。

此外，为了更好地评估政府部门管理财政预算资金的有效性，新西兰政府引入了一项新的工具：投资者信心评级。这个工具类似于市场上企业的信用评级，因为国家向每个政府部门投入了财政资源，要衡量资源利用的有效性，通过该评级的结果来影响该政府部门未来获得财政资源、预算开支的能力。投资者信心评级主要是对政府部门投资管理环境的评级，是投资者（即议会、相关投资部部长、总理）对该政府部门实现预算资金投入效果能力的评价。引入评级的主要目的是建立激励机制，鼓励使用政府财政资源取得良好收效的部门、解决财政开支与实际效果之间的差距问题。评级结果会影响政府部门获得财政预算资源的多少，投资决策权力的大小。投资者信心评级每两年一个周期，财政部负责管理评级指数，具体评价由独立第三方进行。

3.2.8 综合施策，西班牙基于绩效提升的改革实践

西班牙在政府绩效实践中是典型的以法律、技术和制度（如规则、方法、数据、技术、程序等）多管齐下，进行系统改革的国家，但囿于政治体制，绩效预算、政策及项目评估等配套措施未能及时跟进，公共管理部这一机构也没有得到持续运行，2009 年政府对机构进行了整合调整。具体政策制定和机构须执行的框架（四年期管理合同）由部门首脑决定，财政部发挥两项重要作用：颁布机构设立等方面的强制规范、与各部门机构进行谈判；监督管理合同的实施并进行财政控制。

2006 年，西班牙颁布了《国家机构公共服务改进法》。根据该法规定构建新的中央政府组织模式，国家各机构的首脑有权根据自身实际作出决策并对要实现的绩效目标负责。在赋予国家机关以高度的管理自主权同时，该法加强以结果为中心的评价机制，在中央政府层面实行与机构首脑签订合同的管理方式[①]。在跨年度管理契约的基础上，引入透明目标管理体系（Transparent Management by

① http://siteresources.worldbank.org/EXTEVACAPDEV/Resources/4585672-1251461875432/ecd_wp22_spain.pdf p.14.

Objectives)，管理合同中必须载明：（1）要实现的目标，取得的成果以及必需的步骤；（2）为实现目标制定的相关计划和时间表，每项战略涉及的项目，持续时间以及绩效评价的相关指标；（3）为实现预期目标所需的人、财、物的预算；（4）与现有目标匹配程度及影响；（5）必要的应对财政收入下降产生的赤字的程序以及须承担的管理责任；（6）年度目标调整或变化时对应的措施步骤。此外，管理合同中须明确未能实现目标所需承担的责任：要求各机构编制年度行动计划，上一财政年度的工作报告以及年度决算并向公众披露。法律规定，除了人力成本外，机构可以对其他成本项目的估计自由设定，但需遵守公共实体会计准则和审计法院的规定。

3.2.9 规范指引，部分国际组织的评价规则

1. 欧盟。欧盟通用绩效评估框架是2000年由欧洲质量基金会和德国的施派耶尔行政学院在欧洲卓越绩效模型（EFQM）的基础上建立起来的，是公共部门自我评估的工具。为保证对各成员国、各类组织部门都具有借鉴和参考价值，该框架并没有给出评价的具体指标体系。

总体评估框架设置了九项评估要素：领导力、人力资源、战略规划、伙伴关系、变革管理5类要素属于能动要素，依靠组织自身可加以改进，雇员导向、公众导向、社会导向和绩效导向4类要素属于结果要素，决定了其评价的视角或标准，而前8项要素又直接决定着绩效导向这一结果要素，每项要素之下又设计了2—6项次级标准，并明确了各项标准的定义、评价因素、评估计分方法并给出例证。在打

分时，对于能动类要素按照戴明提出的 PDCA 即：Plan（计划）、Do（执行）、Check（检查）和 Action（行动）进行打分，结果类要素则按照目标完成情况与同类机构相比较进行打分。

在具体应用时，通用评估框架一般有以下几个步骤：首先，确定框架的应用范围及要实现的目标，一般由机构高层管理者作出相关决策；其次，组织评估成员并进行必要的培训；再次，以成员打分的形式进行评价，如各成员对同一评价对象给出的分数差异较大，则须评价组织的负责人组织协商，充分获取相关证据后达成分数的一致意见；最后，对评价结果进行报告和披露，并制定相应的改进建议和计划。通用评估框架凭借其严谨的逻辑架构和高效的组织形式，在绩效评价中取得了良好的实践效果，在欧盟各国得到广泛应用。

2. 世界银行。世界银行设有独立评估局（Independent Evaluation Group）负责绩效评价工作，其将评价定义为：以正在实施或已经完成的计划、项目或政策为对象，系统客观地对其设计、实施、结果从相关性、效率、效果、可持续性等方面总结经验教训，并提出相关建议。在其《工作规则》监测与评价政策中，世界银行明确了评价的目的、对象、内容、准则、方式、方法等，2004 年，世界银行发布了《监督与评价——工具、方法与观点》就项目与政策评价的绩效指标、评价框架体系构建、评价方法等进行了梳理，并特别提出了公共支出追踪调查（PETS）的方法，用以判断服务提供的质量、效率等。

以教育政策为例，世界银行开发了儿童早期教育政策评估框架（the Systems Approach for Better Education Results

- early Childhood Development, SABER - ECD), 其对政策绩效的考评主要从构建有利的政策环境、政策实施和监督与质量保障等方面进行评价。其中,构建有利的环境包括有支持早期儿童发展的完善的法律法规体系、跨部门跨机构协作确保服务的有效性、具有可分配的财政资源等3个维度,下设15项具体指标;广泛实施包括政策项目的范围、政策项目的覆盖率和政策项目的公平性3个维度,下设14个具体指标;监督与质量保障包括评估数据采集、质量标准和产品、服务的达标程度等3个维度,下设13个具体指标,评价结果将对世界银行向各国相关领域的贷款提供决策参考,并且该框架在世界40多个国家得到广泛的认同和应用。

3. 联合国。联合国于2005年4月发布了《联合国系统评估标准》,定义了评估规范和标准以推进评估功能专业化,并为评估机构在准备和行动过程中提供指导。在内容方面,涵盖了各国在制定政策评价制度框架时应遵循的具体标准,参与设计、执行与管理评价活动的人员应当具备的能力和道德;评估实施时的设计、过程、团队组建、评估报告等方面的要求等,为提升各国政策评估的科学性和准确性提供了范本。

3.3 绩效管理改革的成效、经验及问题

3.3.1 形成绩效管理的制度模式

1. 政府主导评价模式。政府绩效评价主要是为了考察政府是否尽责。政府主导的评价模式具有以下特征：一是政府部门既是“裁判员”，也是“运动员”，政府部门自行决定绩效目标的设定、考核范围和程序等，但需要向议会报告并接受质询；二是绩效评价的重点是政府政策制定和执行过程；三是政府绩效的考核结果与议会审查和批准的预算支出用途、内容、限额等直接挂钩。采用政府主导评价模式的主要有加拿大、日本、新加坡等国以及主要采用欧盟的通用绩效评估框架（CAF）的芬兰、瑞典、丹麦等北欧国家，其通过政府各部门内部机构（主要是预算机构）开展评价。以加拿大为例，根据加拿大宪法的规定，联邦政府每年需向议会报告绩效完成情况、未来的计划、计划的优先顺序等。当然，评估主体即便是归属于政府的机构，也会在人员构成上注意吸纳外部力量，例如：日本在其《政策评价法》中规定，评价时应充分发挥来自于政府外部的专业人士的作用，引入专家的主要情况须在评价报告中公布。

采用政府内部评价模式最为突出的优点是将绩效管理嵌入政府日常运转体系之中，使得绩效管理从单一的评价职能

上升到提升政府服务质量和效率的高度，有利于实现对政府不同层次目标、管理等方面的整合。该模式的不足之处也很明显，评价指标、方法、程序等容易受到政府内部人士的干预甚至操纵，直接影响了评价结果的客观性。此外，政府资源有限，往往在评价中过分重视过程管理，而忽视服务对象的意见，政府部门间评估的标准、内容结构和侧重点方面也存在较大差异，结果往往不具备可比性。

2. 独立第三方评价模式。鉴于政府部门并不总是欢迎绩效考核，成立独立机构或运用监察、审计等机构开展此项工作也成为常见的做法，法国、澳大利亚等国主要采用的是独立第三方评价模式。法国 1999 年设立了由地方政府代表、科学家和行业专家组成的国家评估委员会，在省级政府设评估处、大城市设评估专员，负责按照各级部门和地方政府的建议计划和组织具体评估工作。澳大利亚在 1997 年颁布《审计长法案》中规定独立于政府的联邦审计总署承担“对政府部门进行审查、分析和评价其对于公共资源的使用效果、效益及目标完成情况”，总审计长由联邦总督直接任命并且只向议会负责，此外独立于澳大利亚联邦政府的生产力委员会（Productivity Commission）主要负责政府政策的评价工作，向民众公布政府工作的绩效评价结果。

独立第三方评价模式改变了传统的自上而下的评价方式，其最突出的优点是专业性和客观性，有利于促进政府不断完善自身制度和行为，树立良好的公众形象。在实践中，独立第三方评价往往处于“单兵作战”的状态，不同组织有不同的利益观念，如果没有有效地协调和指导，容易造成评估结果的分歧甚至矛盾。

3. 分权管理模式。该模式主要是将绩效评估中政策制定、指标设计、具体执行、检查监督等程序环节分散至各部门或专业机构，当前，美、英等国主要采用这一模式。例如：美国联邦机构的绩效考评由政府责任署代表国会负责实施，考核指标主要体现在各机构的战略目标及年度绩效计划之中。总统预算管理办公室负责监督各联邦机构向总统提交年度绩效报告。英国内阁办公室、国家审计办公室、审计委员会、财政部、各级政府部门机构都参与绩效评估，财政部拥有“综合开支审查”和“公共服务协议”两项工具，因而具有主导作用，但并没有机构负责和协调所有评估工作。

分权管理模式实现了评估权力的分散和制衡，一方面，增强了公共权力行使与政府部门绩效之间的联系，保证了评估的权威性；另一方面，分权的理念直接影响了绩效评估工作效率，各机构间的协同性难以有效发挥。

当然，现实的高度复杂性决定了各国不会采取单一的评价模式，具体选取哪种取决于对独立性的要求、所需的资源以及绩效评价的时机等因素。

3.3.2 考评结果得以有效运用

绩效评估本身不是目的，充分应用绩效评估的结果改进政府工作质量，提升效率才是绩效评估的根本宗旨。以英国为例，政府绩效评估结果主要在以下四个方面得到应用：一是用于考评对象改进绩效，提高公共产品和服务质量，降低成本，例如：在内阁办公室和财政部联合成立的效率改革组的推动下，英国政府将各部门的 1882 个政府网站整合至一个统一的门户平台（www. gov. uk）之下，打通了数据共享的渠道，每年节约的相关成本达到6亿英镑，而且大大提升了信息整合的质量和服务效率。二是用于制定监管政策，英国中央政府对地方政府和公共机构的监管以对其绩效考核结果为主要参照，如果结果为优或良，未来中央政府将适当放松对其的监管，对于结果为“弱、差”的考核对象，中央政府会加强监管，甚至直接撤换某项绩效较差的职能负责人并由中央接管。三是用于调整战略、计划和预算，英国财政支出的绩效考评得到了很充分的应用，通过公共服务协议的形式，绩效考评的结果成为调整政府长期经济目标和计划的依据，也成为财政部门对各政府部门制定以后年度预算的依据，即政府必须完成绩效目标以获得必要的财政投入。四是用于精简机构和人员，优化财权和事权配置，2012—2013年，英国政府通过压缩、精简了300家公共机构，减少开支26亿英镑，相应地缩减公务员规模，压缩福利津贴等措施，节约资金34亿英镑。

3.3.3　主要经验及存在的问题

依法行政是西方发达国家施政活动所要遵循的首要原则。近年来，各国政府都在积极推行政府绩效评估立法与实践，不仅颁布了指导政府绩效改进的法律法规和制度性文件，还在实践中修订完善了与之配套的技术工具，形成了从法律、准则到方式、方法的完整体系，积累了有助于改进政府绩效管理的诸多宝贵经验。

1. 全面系统的法律框架。政府绩效改革同样首先需取得立法支持，继而发动全社会协作配合。美国《1993年政府绩效与结果法案》不仅为其之后的联邦政府绩效管理设计了法律框架和进度计划，还对绩效管理的目标、内容、责任、弹性等做出系统规定，之后，2010 年的修订法又对绩效目标中的优先目标在程序、结果及信息透明度方面进行明确。新西兰政府绩效改革也是首先从立法层面着手的，政府相继制定了《雇佣关系法》、《国有部门法》、《公共财政法》、《储备银行法》、《财政责任法》，分别明确了各相关部门在政府绩效改革中的责任，以及制定绩效政策和计划，编制和提交绩效报告等要求。日本对绩效考核对象从覆盖范围到方式方法都有全面系统的规定，如对于行政行为，不仅制定了《国家公务员法》、《行政程序法》等法规以约束政府和公务员个人的行政行为，而且将伦理道德层面的内容上升至法律规定，制定了《国家公务员伦理法》，明确界定了各种不当行政行为和惩罚标准，作为上述法律的补充，提高了法律的系统性和可操作性。在政策评价方面，除《政策评价法》之外，日本还有《政策评价基本方针》、《关于政策评价的标准指针》，对政策评价的对象范畴、实施主体、评价的视角和评价方式作出具体规定，形成一个体系，规范了政策评价中的程序、评价对象、评价方式、评价计划、评价原则、评价目的等制度内容，使绩效评价制度具备了较高的权威性和规范性。

2. 从特殊性渐进拓展至普遍性。考察各国政府绩效改革实践不难发现，政府绩效的全面推广是一个渐进的过程，除了法律框架，还需要具体操作、实施方法、指标体系的配套，因此，采用先试点后逐步推广的方法是绩效改革的一般路径。例如：美国国会 1993 年通过的绩效与结果法案中明确，在 1994 至 1996 年间指定不少于 10 个机构作为绩效试点。2004 年《项目评估与结果法案》通过之前，总统预算与管理办公室选取 20% 的联邦支出项目进行了试评价，力图获取反映项目绩效准确信息的指标工具并应用于决策。日本 2001 年《政策评价法》出台之前，在 1995 年选择静冈县、北海道、三重县三家地方自治体开展了绩效评价，在 1997 年又选择中央政府的 6 家省厅实施了试评价，积累了相关经验。

3. 以财政预算为抓手，运用项目评级工具，确保绩效目标的有效可行。为避免绩效目标制定的流于形式或不切实际，各国也通过法规对绩效目标的有效性进行规定和保障。美国政府绩效和成果法中明确绩效目标应在形式上“客观、可量化、可衡量”并提供历史数据、横向数据等比较的基础以方便公众理解，在程序上联邦机构在设定目标时需要与主管机构管理和预算局进行协商，目标设定之后，还需要在公共部门绩效的网站上进行公示，征求公众意见。此外，为避免目标制定的“短视”行为，绩效目标的完成期间通常不局限于一个财年，英国财政部与其他部门签订的公共服务协议以三年期财政预算为基础，以使政府有充裕的时间协调管理资源；美国政府战略规划涵盖的期限自其提交的财政年度起至少向前五年，并最少每三年更新和修订一次；新西兰《国家部门法》要求部长与总执行官（CEO）之间签订为期五年的绩效协议，明确目标和质量要求。

4. 强化信息披露和公众监督。“让权力在阳光下运行”不仅是中国政府改进绩效的重要途径，也已成为世界各国政府改进工作的着力点。英国 2010 年推出了《公共服务透明度框架》（Public Services Transparency Framework），要求政府向公众提供绩效和支出的相关信息，让公众直接评价政府绩效是否“物有所值”，按照该框架的要求，政府各部门从2010年开始制定公布《商务计划》，公布未来三年各行政项目的具体行动、关键指标、成本、影响等，并且每年更新一次，公众能够在线查看目标实现进度，此外，为保证公众对具体绩效信息准确把握和理解，公众还可以利用政府支出信息工具（government information spending tool），将目标数据分解为财政部财务报告的具体项目，对于重点部门的信息数据，还可链接至内阁的季度汇总信息数据，通过对各部门数据对比强化公众对绩效完成情况的理解，避免政府内部设定的目标存在偏差和不切实际的情况。

5. 结果导向的问责机制。西方发达国家已经形成了包括议会、司法机关、政府、社会公众等多元主体在内的问责机制，并且侧重于外部问责，强调问责机构的独立性，如法国的行政法院其重要职责就是追究政府机构或个人因行政不当而承担的责任。在问责手段上，对政府机构，通常采用行政手段剥夺管理权、关闭机构、重组队伍等；对于个人，以法律和制度为主，辅之以思想教育和道德自律。

当然，国外政府绩效的实践也存在以下一些问题：

一是绩效目标带来的“短视”导向。无论是英国公共服务协议下的绩效目标还是美国联邦机构的年度绩效计划，都成为考核对象短期内关注的重点，在一定程度上缺乏对长短期的统筹考虑，例如：按照1993年美国的绩效计划，联邦政府需在5年内削减大约25万名机构雇员，但直到1999年，联邦政府的文官数量依然维持在200万名左右。此外，短视行为还表现在目标设定时，倾向于设置那些监管者或社会公众关注的，或是易于测量的目标，而牺牲了从外部人视角难于察觉或量化但对于绩效非常重要的绩效目标。

二是绩效责任定位难。由于政府相对于议会、社会公众等对自身实际绩效有着绝对的信息优势，这使得政府外部和内部对于绩效目标的理解和设定存在差异，在英国中央政府与地方政府签订的公共服务协议中，通常难以找到未能按期实现绩效目标的具体责任组织或责任人。此外，中央政府出于全面客观考核的需要，往往设定的绩效目标较多，客观上使得地方自主权受到一定程度的阻碍，地方对于中央绩效目标责任人的明确也就相应地缺乏积极性。

三是协同目标的低效率。对于一些需要部门间协作完成的目标，各部门也存在着不同的理解，从各国政府公布的绩效报告中不难发现，无论是英国的“共享目标”还是美国的“优先绩效目标”都存在对目标的事实判断、价值判断等认识上的偏差，使绩效管理持续沟通与改进的作用难以发挥。从 2015 年美国政府公布的 15 项跨机构绩效目标进展看，“合作”成为大问题。例如：对于“创造就业投资”的目标，其面临的主要挑战是没有各机构间共享的客户关系管理系统以及用以就客户服务进行沟通的机构间 IT 工具；对于“现役及退伍军人精神健康的改进”目标，主要障碍在于精神疾病研究的相关数据如何在国防部、退伍军人事务部等机构的不同数据库间实现共享。

3.4 预算绩效管理发展趋势

综合来看，公共支出绩效管理的发展呈现以下趋势：一是技术变革。包括应计制会计和企业财务管理方法理念的引入。如企业战略规划的模型工具。二是公共支出信息具有更高的透明度，结果导向的绩效预算的实施。三是预算分配过程的公众参与度日益提升。四是预算管理模型工具的引入。发展中国家正纷纷采用中期支出框架体系（Medium Term Expenditure Framework，MTEF）。

3.4.1 技术变革

政府会计是财政预算管理的核心工具，其职能是对财政收入和支出进行确认。由于收付实现制难以为政府解决赤字、负债等问题提供准确的信息，例如：对于养老金这种延迟到未来的支付义务，收付实现制无法准确地反映，于是，凯恩斯主义下，联邦政府预算成为调节经济的工具，自20世纪80年代公共管理运动开始，一些OECD成员国家开始对会计确认的基础进行改革[①]，权责发生制会计得到广泛的应用，并与预算改革统筹考虑，英国、澳大利亚在政府会计和预算中都采用了权责发生制。根据2016年美国联邦会计

① 1949年，美国胡佛委员会提出政府采用权责发生制的建议，但直到1975年，财政部才设立咨询委员会研究制定权责发生制的政府会计指南。

咨询委员会公布的信息，如何在应计制下让预算报告更加清晰，依然是未来工作的重点①。

3.4.2 信息透明

在当前信息时代背景下，公众可直接利用互联网低成本地参与到预算绩效评价中，同时公众也可通过大众传播媒介把他们的意见及时反馈至政府机构。但是，由于信息不对称，加之公众缺乏关于政府活动及绩效评估的专业知识，仅凭公众感性认识对绩效判断往往难以达成共识。所以，公众参与模式的应用并不仅仅取决于政府的主观意愿，还有赖于合理的制度设计和有效的信息公开。例如：印度于 2005 年颁布了《信息权利法案》，该法允许公民向除议会和国家安全部门以外的所有行政机构申请信息公开，对于拒绝公开的政府机构或官员须缴纳高额罚款，以此促进公民积极参与监督、评估政府行为和决策，该法自实施以来，已经成为印度国民重要的维权工具，并随之诞生了诸多专门分析政府信息、监控政府绩效、向政府谏言以及为公众维权的民间组织，如新德里的预算与治理责任中心、班加罗尔的公共事务中心、普耐的国家促进研究中心等，这些组织通过提高公民参与度推动政府履行责任，提高行政效率，节约了公共资金，成为政府和民众之间的“缓冲器”，为财政资金绩效提升、公民监督政府探索了一条新路径。加拿大政府的预算绩效信息披露与改革的案例（详见附录）也充分说明，绩效信息透明在促进政府治理

① http：//files. fasab. gov/pdffiles/16_4_tab_f_plan. pdf.

改进方面发挥了重要作用。

3.4.3 公众参与

以公众认可为目标，让社会大众直接参与政府行政和政策评价是世界各国政府施政的普遍导向，尤其在地方基层政府的绩效评价中，该方式得到更为广泛的使用，其具体形式包括政务信息公开、公众满意度调查、投诉响应等。例如：2010 年日本 977 个引入政府绩效评估的地方政府中，358 个地方政府实施了行政外部主体的政府绩效评估，而且大多由外部专家或专家与普通公众共同组成的第三方外部评估机构进行评估。

3.4.4 预算管理模型工具

由于环境的不断变化，预算在执行过程中需要在规模、结构方面进行控制和动态调整并评价绩效。由此，目前的预算管理模型工具可分为两类：一是规模与结构控制工具，二是预算绩效评价工具。

1. 规模与结构控制工具。预算控制是世界各国追求预算执行理性的直接制度体现，即强调“明确”与“约束”原则，通过严格控制财政收支实现立法机构对政府机构的控制。控制的对象是预算执行在规模和结构方面的偏差，其典型表现便是预算松弛。在当前世界各国普遍面临债务规模困扰的背景下，预算控制仍然有着重要的现实意义，1991 年在荷兰举行的欧洲共同体首脑会议上所签订的《马斯特里赫特条约》明确，一国财政赤字占 GDP 的比例，应该等于政府债务占 GDP 比例的上限与名义 GDP 年度增长率的乘积。就欧盟成员国而言，公共债务占 GDP 比例保持在 60% 以下，各国平均名义 GDP 增长率在 5% 以下，因此，各国的财政赤字须控制在该国 GDP 的 3% 以下。近年来，发达国家财政赤字屡创新高，2014 年美国的赤字规模突破 18 万亿美元，与名义 GDP 之比达到 103%，财政预算控制成为各国财政机构的中心议题，综合梳理预算控制的相关成果，可以将各类预算规模与结构控制工具归为以下几类：

一是债务上限的预算控制。举债是削减政府预算赤字的主要途径，通过对政府债务规模进行限制可以直接控制政府预算规模的膨胀。以美国为例，国会有权确定政府债务的最高限额，自 1917 年以来，美国提高债务上限已逾百次，最近一次是在 2015 年，设定为 18.9 万亿美元。运用债务上限可对财政预算直接量化控制，充分保障了财政的可持续性，有利于调节经济，但也存在一定的弊端，最明显的是其顺周期性，即在经济繁荣时期，债务上限不会被冲破；在经济衰退期，债务规模的限制会使得财政支出的压力更加恶化，临时性措施的运用也常造成控制松弛或失效。

二是跨年度预算平衡。其主要手段是在合理预期未来期间（通常是三至五年）财政收入、支出、赤字及债务规模的基础上，结合政府中期的政策目标统筹安排财政预算，特别是对于一些难以纳入年度财政预算的考虑范围的影响财政的长期性因素，如人口规模和结构的变化，跨年度预算平衡就非常必要。目前，美国除了编制年度财政预算报告外，还编制 10 年期和 75 年期的中长期预算报告，并每年进行更新，这一模式也在所有的OECD国家得到认同和推广。这种预算管控方式在一定程度上避免了财政的经济下行时征过头税，经济上行时浪费资金的行为，强化了财政对经济的逆周期调节作用，减少预算安排的盲目性，充分保障了中期财政的可持续，但由于对经济周期的判断和把握难度极大，预算平衡难以做到准确，需要根据财政经济的变化及时做出动态调整。

三是结构性预算平衡。鉴于债务上限的预算控制往往存在“软约束”，一些难以预料的政治、经济因素会对预算平衡形成巨大的冲击，各国在实践中难以很好地遵守统一划定的上限规则。因此，部分国家开始对预算支出的约束条件进行细化，允许其根据客观环境的变化进行适度的结构性调节，当预期的结构性预算平衡结果与预算目标出现分歧时，平衡结果需要做出相应调整。智利的结构性预算平衡最具代表性，智利的铜产量全球居首位，其对财政的贡献占到财政收入的16%，政府聘请价格专家对中期铜的产量缺口和价格做出预测，再综合考虑其他因素，设立预算平衡基金，采取以丰补歉的思路平滑预算，得出中期财政的结构性平衡规则，以此保持预算的长期稳定，在2003—2008年的铜价上涨周期内，智利的国家主权财富基金储备的收入占到GDP的12%，使得其能够安然度过金融危机[①]。该工具在一些资源型国家，如俄罗斯、科威特、挪威等国得到普遍采用，有效保障了财政对于宏观经济调节作用的发挥。结构性预算平衡考虑了财政能力与预算支出需求的平衡，保障了债务的可

① 详见杰弗里·弗兰克尔：《解决顺周期性财政问题：智利的结构性预算制度》，《比较》2014年第6期。

持续性，但潜在产出及财政收支计算与预测较复杂，技术性较强。

2. 绩效预算评价工具。2009 年金融危机后，许多国家开始改革绩效评价体系，例如：澳大利亚的联邦政府财政责任评估提出构建现代化财政绩效框架，要在年度绩效报告中清晰地阐释预算、拨款和绩效的关系并比较预期目标和实际完成情况，相对而言，在维持财政经济稳定、有效配置资源、有效供给公共产品和服务三大职能中，管理重点已经从效率效益向维持财政的稳定转变，财政和项目风险信息也被纳入绩效评估当中，支出控制、输入预算、中期预算框架也被广泛采用，评价对象也从项目和部门评价向财政支出政策和能力评价拓展。例如：2011 年奥巴马政府优先绩效目标工具（Priority Goals Tool）取代了布什总统时期的 PART 工具，要求 24 个联邦机构设置首席运营官与绩效促进官，在考虑各自规模、职能、范围以及能够获取的资源、信息基础上制定需在未来 2 年内实现的 2—8 项优先绩效目标。绩效预算以投入产出效率为考量目标，有利于激发执行者的积极性，但前提是评价的框架体系和工具需具备公信力。再如：日本行政评价局不仅对政府单项政策进行评价，还对政府各部门颁布的政策的整体绩效进行再评价。

在评价方法上，日本借鉴了企业的 PDCA 循环管理工具，即计划（Plan：Planning）—执行（Do：Implementation）—检查（Check：Evaluation）—行动（Act：Reflected in Planning），通过关注政策由制定到执行、评价的每个环节，及时发现其中的问题并进行整改。

以 2015 年日本大藏省政策评价为例，第一项政策目标

(1－1）为通过预算优先授权，改进公共财政绩效，首先将政策进行分解，本项政策可分解为通过预算优先分配提高财政绩效的改革措施（1－1－1）和具体业务活动（1－1－2）两项。对于每项具体政策，在评价时会设定专门的指标体系，比较预期目标与实际完成情况，并须说明目标设定的依据，解释评价结果，如表3－7所示。

表3－7　　　　日本政策评价示例

<table>
<tr><td>评价对象</td><td colspan="5">通过预算优先分配提高财政绩效的改革措施（1－1－1）</td></tr>
<tr><td rowspan="4">定量评价</td><td rowspan="3">【关键指标】根据中期财政规划的要求，提出下一财年的预算建议数（国家一般账户余额）</td><td>财年</td><td>2013（2014预算值）</td><td>2014（2015预算值）</td><td>完成情况</td></tr>
<tr><td>目标值</td><td>四万亿日元</td><td>四万亿日元</td><td rowspan="2">完成</td></tr>
<tr><td>实际值</td><td>5.2万亿日元</td><td>4.6万亿日元</td></tr>
<tr><td colspan="5">【目标设定依据】这是因为中期财政规划（于2013年8月8日经内阁批准）规定在2014和2015财年，在一般账户层面每年至少实现4万亿日元余额。因此，2015年之前，和2010年比较，债务率需下降一半。注：所有债务均为初始债务。
【评价结果说明】财政部成功实现一般账户4.6万亿日元余额，超过了中期财政规划设定的目标。</td></tr>
<tr><td>定性评价</td><td>【关键指标】当编制预算时，按照预算公式的基本原则进行优先分配</td><td>目标</td><td colspan="2">在编制预算时，财政部进行全面系统的审查，包括社会保障和其他非自由裁量开支，而且会按照对经济增长的贡献优先分配预算资金</td><td>完成情况</td></tr>
</table>

续表

<table>
<tr><td>评价对象</td><td colspan="5">通过预算优先分配提高财政绩效的改革措施（1－1－1）</td></tr>
<tr><td rowspan="4">定性评价</td><td>【关键指标】当编制预算时，按照预算公式的基本原则进行优先分配</td><td>实际</td><td colspan="2">在预算2014财年，日本政府针对面临的种种挑战积极采取应对措施，包括对区域振兴和养育子女的支持，财政部对预算的所有方面进行审查，并成功确定优先事项和支出实现更高的效率。</td><td>完成</td></tr>
<tr><td colspan="5">【目标设定依据】这是因为2014年预算的基本规则（于2013年12月12日经内阁批准）规定，在编制预算时，财政部须对预算各领域做出评价，包括社保和其他非自主性支出的领域，因此，可预期该规定在未来会持续有效。</td></tr>
<tr><td colspan="5">【评价结果说明】2015年度预算，财政部采取了包括区域振兴和养育子女财政支持在内的各种政策以应对挑战，并成功确定了财政支出的优先事项，支出实现了更高的效率，对经济振兴和财政整顿发挥了积极作用，所以被评为“完成”。</td></tr>
<tr><td>政策1－1－1－B－2</td><td>目标</td><td>……</td><td>……</td><td>完成情况</td></tr>
</table>

4

借鉴国际经验，探索中国预算绩效管理改革

预算绩效管理是促进政府全面履行职能的有效方式，也是提高政府工作效率、降低行政成本、改进公共服务质量、树立政府良好形象的重要途径。从国外政府改革和管理的实践看，自20世纪70年代末以来，绩效管理的法制化成为世界各国政府改进绩效的“安全阀”和“助推器”。其中影响较大的包括美国1993年的《政府绩效与结果法案》及2010年的《政府绩效与结果修正法案》、新西兰1989年的《公共财政法》和1991年的《雇佣关系法》、英国1982年的《地方政府法》和1983年《国家审计法》、日本2001年的《政府政策评估法》等。

在中国，财政预算绩效管理制度已经成为提高政府行政能力、实现国家治理体系与治理能力现代化的有效载体，许多地方政府从自身实际和需要出发探索构建财政预算绩效管

理为抓手的制度体系，涌现了“构建服务型政府的深圳模式”、“整体推进型的青岛模式”、“目标责任的贵州模式”、“问计于民的杨浦模式”等，并取得一定实效。但从全国范围看，绩效管理的系统性、规范化和长效化不足，特别是缺乏全国层面的顶层设计，法制化水平较低，尚未形成权威的范式体系，对政府行政行为及其效果缺乏全面、客观、公正的评价和问责标准。因此，吸取和借鉴世界各国在政府绩效法制建设方面的经验教训，并适时推进中国政府绩效管理的立法进程，就显得十分迫切和必要。

当前中国财政预算绩效改革面临的主要问题是本章研究的起点，也是本书研究的核心内容。本书基于预算绩效管理的体系架构，运用问卷调查的研究方法，从各个层级的预算部门获取一手数据，从总体情况、突出问题、预算绩效评价、绩效反馈与监督等方面全方位地考察中国现行财政预算绩效管理的突出问题，为优化预算绩效管理系统及机制，大力提升预算执行的效率和效果，全面加强预算绩效控制，从而改进财政预算管理的效率和效果，提供坚实的研究基础。

4.1 公共财政框架下中国预算绩效管理运行脉络

4.1.1 夯实预算绩效管理基础（1994—2004）

1994年，适应社会主义市场经济发展要求的财税体制改革取得初步成果，1998年，中央提出“尽快建立公共财政框架的要求”，之后，包含部门预算、国库集中支付、政府采购等在内的财政预算管理制度改革统筹推进，这一时期，中国财政支出方面主要存在以下问题：一是支出规模持续膨胀，从1978年的1122亿元快速上升至1998年的10771亿元，同时作为财政性资金的预算外资金支出占GDP的比重从1978年的1.9%上升至1999年的3.9%，部门和单位的滥支乱用现象突出。二是在结构上支出范围广、水平低，与需求严重错配，一些本应由市场和企业承担的支出由财政“埋单”，行政管理费用在支出中的比重由1978年的4.4%攀升至1998年的14.9%，而同期社保、教育、“三农”支出需求缺口巨大，资金使用效益低，浪费严重。

这一阶段，预算绩效改革的主要思路是以调整范围、优化结构、有保有压、强化约束作为改进支出绩效的突破口：一是于1994年颁布有经济宪法之称的预算法，推进收支分类改革，形成“收入分类”、“支出功能分类”、“支出经济分类”的收支体系，并使其能合理地反映政府作用内容和方向；二是统筹部门预算改变预算条块分割的局面；三是延伸预算范围，通过“收支两条线”管理，将预算覆盖至预算外资金和政府基金；四是合理分解预算，按支出动因进行分解，细化预算分配，优化预算编制方法，使其能反映部门职责和真实需要，预算管理理念实现了从“重分配向重管理”的转变。自2003年，《中央级行政经费项目支出绩效考评管理办法（试行）》发布，对中央财政预算安排的行政经费专项资金项目评价的内容、方法、实施程序等做出规定，财政部着手建立预算绩效考评指标体系，并选择了一些重大支出项目开展绩效评价试点，预算绩效改革开始深入推进。

4.1.2 预算绩效管理纵深拓展（2005—2015）

2005年以后，财政科学化、精细化管理导向日益明确，预算改革的重点在于突破以下问题：一是中央政府和地方政府事权和财权划分，部门之间职能存在交叉，各部门安排的项目内容常存在重复，转移支付和投资目标不明确；二是在GDP排名导向下，地方政府纷纷寻求税收收入以外的增长模式，“土地财政”模式下地方债务高企，资金多以政府信用背书，资金配置和使用绩效难以保障，风险不断积聚。

2005年，党的十六届三中全会明确提出“建立预算绩效评价体系”的要求，财政部制定了《中央部门预算支出绩效考评管理办法（试行）》，并首先在财政部确定试点的中央部门实施。2009年财政部预算司设立了预算绩效管理处，2011年，财政部重新修订了《财政支出绩效评价管理暂行办法》，提出了预算绩效管理的概念，从事后绩效评价走向完整的预算绩效管理，明确要建立从预算编制到执行、监督全过程预算绩效管理机制的目标，“预算编制有目标、预算执行有监控、预算完成有评价、评价结果有反馈、反馈结果有应用”的预算绩效管理机制初步建立。2012年，财政部制定并印发了《预算绩效管理工作规划（2012—2015年）》，2014年新《预算法》确定了预算绩效的全口径管理，明确了绩效评价的法律地位，构建了绩效审查监督框架，将预算绩效管理贯穿于“建立透明预算制度、完善政府预算体系、改进年度预算控制方式、完善转移支付制度、加强预算执行管理、规范地方政府债务管理和全面规范税收优惠政策”等改革内容的全过程，成为预算改革的有力支撑。

4.2 问题导入，基于调查问卷的研究分析

4.2.1 调查问卷的设计及分析方法

财政预算绩效管理问卷调查于2016年5月份展开，幸得财政预算管理部门、财政支出绩效评价中介机构、行政事业单位等预算部门相关人士热情参与，我们共获取了124份调查问卷结果反馈。我们又把调研内容分为了40道客观题和2道主观题，我们从财政支出绩效管理的总体情况、财政支出绩效管理应解决的突出问题、财政支出绩效评价、财政支出绩效控制与监督体系四个方面设计问项（详见附件），针对每一个问项，我们采用了李克特量表（Likert - type scale）填答方式，该方式通常以四至六点量表法为多数研究者与学者所采用，其中以五点量表法的内部一致性较佳。基于此，我们也采用了五点量表法，也即针对每一个问项，我们把被调查者对其的不同看法分为5个等级（1表示很弱；2表示弱；3表示中等；4表示好；5表示很好）。对于得到的评分，我们按照其均值进行初步的判断，将平均值低于或等于3.5的问项视为需要关注改进项目，将均值低于4且问卷值小于4分的比例低于35%的问项视为需要进一步优化的因素。我们根据上述指标对调查问卷的数据进行了分

类，并分别从描述性统计分析和因子分析两个角度对这些需要改进或者进一步优化的问项进行了剖析。

4.2.2 对问卷调查结果的描述性统计分析

根据前述的分类规则，平均值低于或等于3.5的问项，其表达的含义为低于“好”与“中等”的均值状态，而且还有部分问项均值低于“中等”的标准，故这些问项可被视为需改进的项目，以改进财政支出绩效管理的“短板”。这些问项共有12个，具体明细如表4－1所示。

表4－1　　需要改进的项目明细

需改进的问项	均值
运用连续、滚动的预测方法来编制预算	3.370968
建立跨部门的团队来审批支出请求	3.419355
运用信息技术提高绩效管理工作效率	3.306452
建立精确的支出标准	3.177419
提供支出绩效管理工作中必要的培训	3.209677
建立循序渐进的内控体系监督支出管理过程	3.419355
绩效评价中考虑了风险因素	3.467742
财政支出绩效评价的反馈信息及时传递	3.177419
财政支出绩效评价是为遵守财政部门要求而开展的	2.919355
评价结果在下一年度预算编制中发挥决定作用	2.596774
财政支出控制流程能满足中长期规划的需要	3.370968
财政支出控制有助于本部门履行职责	3.354839

从表4－1可以看出，这些需改进的项目涉及预算编制的方法、审批、调整、信息传递、监督和激励等方面，这些问题的发现与改进对中国财政预算绩效管理的改进具有重要意义。

1. 预算编制应该有一个科学的结果应用机制，将各类绩效结果与财政资金资源配置有效结合。1994—2014年各年度财政预算偏差情况如图4－1所示，可以看出各年度均不同程度的存在财政预算超收超支，1994—2003年间，全国年均预算收入偏差率为6.84%，年均支出偏差率为5.63%，2004—2014年间，年均收入偏差率为8.57%，年均支出偏差率为3.97%。有六个年份的预算收入偏差率达到10%以上，四个年份的预算支出偏差率在7%以上。说明中国预算预测方法还有待进一步优化。这既依赖于运用连续、滚动的预测方法、运用信息技术提高预算工作效率、建立适合预算单位、项目的标准成本系统，更需要在绩效目标对财政资金分配全覆盖的基础上形成统一的结果导向的预算规则和理念。分析中国财政预算管控的现状与特征，提出预算执行控制与方法合理性的量化评价标准，并据此对中国预算偏差现状进行评价。

2. 从预算绩效的跨部门团队审批和财政支出控制有助于本部门履行职责等需要改进的问项来看，需要进一步促进在预算绩效的政策制定、执行和评价反馈工作中的部门协同，加强各业务部门在预算编制、预算审批以及预算的执行分析和控制领域的合作，形成具有执行预算管理的工作体系，从而增强财政预算整体的管控能力，以追求公共利益的最大化

3. 根据我们的调查问卷结果分析，财政支出绩效评价

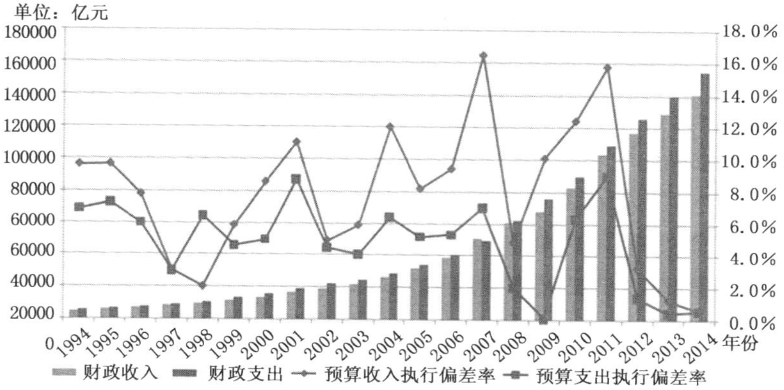

图 4－1　预算执行情况图

资料来源：国家统计局：《财政部各年度预算执行情况报告》。

是为遵守财政部门要求而开展的，建立精确的支出标准、绩效评价中考虑了风险因素三个指标的取值在绩效评价部门和预算单位之间存在显著的差别。由于财政部门一般作为上级单位，对预算单位进行考核，在这三个指标的评分上，预算单位的评分与财政部门、中介评价机构差异率分别为15.86%、13.22%和10.53%。这一数据说明，作为考核预算执行单位的财政部门对于绩效评价的目的，绩效指标设置合理性、科学性的认可程度高于预算执行单位，这种由于角色定位不同，考核指标设置科学性认知的显著差别说明预算绩效考核指标设置的科学性还有待提高。

4. 调查问卷结果显示有两个问项涉及了将风险和控制纳入绩效的问题，其中建立循序渐进的内控体系监督支出管理过程（均值为3.46）进一步对问卷调查对象所在单位的性质进行分析，我们发现，作为预算执行单位，其对预算绩效内部控制更有发言权，在预算执行单位对内部控制的评分与财政部门的评分差异率达到23.45%，说明目前的预算绩效评价机制仍需要加强对预算执行单位的内控建设。由于预算编制的控制层次提高，基层的预算执行单位对预算更多是一种偏差率的考核，而对于包含风险因素的预算绩效评价指标设计尚需改进，以提高预算执行单位财政支出的风险防范意识。

根据第一部分的问卷调查设计与分析方法，我们将平均值低于4的问项视为低于“好”的状态，在此基础上，我们加入打分低于4分的问卷比例控制在35%以上，经过这两个指标筛选得到的问项则表明，这些问项目前处于尚待进一步提高的境地，如能对这些问项加以分析并加以提高，将能全面地提高预算绩效管控能力，具体明细如表4-2所示。

表4-2　　　　需要进一步优化的项目明细

需进一步优化的问项	均值	比例
预算与本单位战略目标的融合情况	3.66129	41.94%
财政支出的目标合理性	3.770492	37.70%
在预算编制前对本部门的规划目标明确地进行定位	3.693548	41.94%
在支出控制过程中，考虑环境的变化情况	3.612903	46.77%
促进沟通以更好地改进财政支出绩效	3.548387	45.16%
协调年度预算与滚动预算间的关系	3.645161	45.16%
对具有内部竞争关系的支出请求采用一致的评价标准	3.557377	45.90%
支出绩效关键指标能体现规划目标的重点内容	3.612903	50.00%
运用数量、质量、成本和时效等方面综合指标	3.516129	46.77%
财政支出绩效评价报告的合理性	3.693548	37.10%

续表

需进一步优化的问项	均值	比例
事前、事中和事后评价预算执行的情况	3.596774	41.94%
对绩效评价结果进行深入分析	3.606557	44.26%
为业务单位和部门制定适合的绩效考核指标	3.677419	40.32%
明确被评价部门的可控制因素，并据此进行绩效考核	3.66129	41.94%
明确控制重点环节、指标与责任人	3.580645	41.94%
支出控制实际执行时是刚性的	3.5	46.77%
支出绩效控制拥有足够的资源	3.709677	37.10%

注：表中比例为问项的调查问卷值小于3.5的调查问卷数目占总数目的比重。

有4个需要进一步优化问项涉及规划与预算管理问题。如预算控制与本单位规划目标的融合情况、在预算编制前对本部门的规划目标明确地进行定位、协调年度预算与滚动预算间的关系、支出绩效关键指标能体现规划目标的重点内容等问项。众多涉及规划与预算管理的问项也表明预算控制与单位目标规划的融合情况不是特别理想。对收回的问卷调查结果分析表明，财政部门层面对预算编制与目标的融合情况满意度较预算执行单位层面分别低6.73%和11.55%。这一结果也间接反映了规划与预算编制存在一定程度的不协调，而预算单位预算编制职能负载过多，尤其是基层的预算执行单位，对于单位战略与预算编制的融合情况缺乏话语权。因此，迫切需要优化“两上两下”程序，提高预算控制与本单位战略目标的融合。

财政支出的目标合理性在支出控制过程中考虑环境的变化情况、运用数量、质量、成本和时效等方面综合指标，对具有内部竞争关系的支出请求采用一致的评价标准，事前、事中和事后评价预算执行的情况，对绩效评价结果进行深入分析，为业务单位和部门制定适合的绩效考核指标，明确被评价部门的可控制因素，并据此进行绩效考核等需要进一步优化等问项，把焦点都指向了预算绩效评价分析体系的建立问题。根据调查问卷的数据分析，其中认为统一的预算评价方法体系对绩效提升具有重要作用的占比 93.2%，绝大多数受调查者认可预算绩效分析方法体系的重要作用，也表明需要进一步探索构建统一预算绩效评价分析的方法体系以提升组织运行绩效。

4.2.3 对问卷调查结果的探索性因子分析

前文的描述性统计分析主要按照样本均值以及众数分布进行归类分析，并合并部分问项来进行解释，这种略显粗略的做法有可能不能深入和科学地对这些已经辨识出的问项进行分析，为此，我们对这两个类别进行了探索性因子分析（Exploratory Factor Analysis，EFA），以期能对第二部分描述性分析结果加以印证或有新的发现。

探索性因子分析模型的一般表达形式为：

$$x_1 = l_{11}F_1 + l_{12}F_2 + \cdots + l_{1c}F_c + \varepsilon_1$$

$$x_2 = l_{21}F_1 + l_{22}F_2 + \cdots + l_{2c}F_c + \varepsilon_2$$

$$\vdots$$

$$x_p = l_{p1}F_1 + l_{p2}F_2 + \cdots + l_{pc}F_c + \varepsilon_p$$

其中，x_n 表示观测变量，F_n 代表因子分析中最基本的公因子（Common factor），它们是各个观测变量所共有的因子，解释了变量之间的相关；l_{nm} 代表因子负载（Factor loading)，它是每个变量在各公因子上的负载，相当于多元回归分析中的回归系数；而 ε_n 则代表了每一观测变量的随机误差。

下面对需改进的问项和需进一步优化的问项分别作了探索性因子分析，按照探索性因子分析的步骤，我们在这里报告了其主要的分析步骤和结果。

1. 需改进项目的探索性因子分析。

(1) KMO 检验和巴特利（Bartlett's）球状检验。KMO 是 Kaiser - Meyer - Olkin 的取样适当性度量，当 KMO 值越大时，表示变量间的共同因素愈多，越适合进行因子分析。Kaiser 给出了常用的 KMO 度量标准：一般情况下，0.9 以上表示非常适合；0.8 表示适合；0.7 表示一般；0.6 表示不太适合；0.5 以下表示极不适合。巴特利球形检验用于检验相关系数矩阵是否是单位阵，如果结论是不拒绝该假设，则表示各个变量都是各自独立的。表 4 - 3 为 KMO 检验和巴特利球状检验结果，KMO 检验结果为 0.889，大于 0.8，即适合进行因子分析的，而且巴特利球状检验显著拒绝原假设，说明各个变量并不是各自独立的，代表母群体的相关矩阵间有共同的因素可以提取，适合作探索性因子分析。

表 4 - 3　　　　KMO 检验和巴特利球状检验

KMO（Kaiser - Meyer - Olkin）检验统计量		0.889
巴特利球状检验	Approx. Chi - Square	480.040
	df	66
	Sig.	0.000

（2）相关系数矩阵。各问项的相关系数矩阵分析表明，相关矩阵中大部分相关系数都比较大，而且都显著，说明适合做因子分析。

（3）陡坡图（Scree Plot）。“陡坡石”（Scree）原是地质学上的名词，代表在岩层斜坡底层发现的小碎石，这些碎石的价值性不高。应用于统计学的因子分析中，表示陡坡图底端的因子（即平坦状态以后的相关因素）不具重要性，可以舍弃不用。因而从陡坡图的情形也可作为挑选因素分析数目的标准。陡坡图是按照特征根的大小进行排列的主成分散点图（见图4－2）。纵坐标为特征值，横坐标为因子数。下图为需改进问项因子分析的陡坡图，可以看出，从第4个因子开始陡坡图趋向平缓，因此提取3个共同因素是合适的。

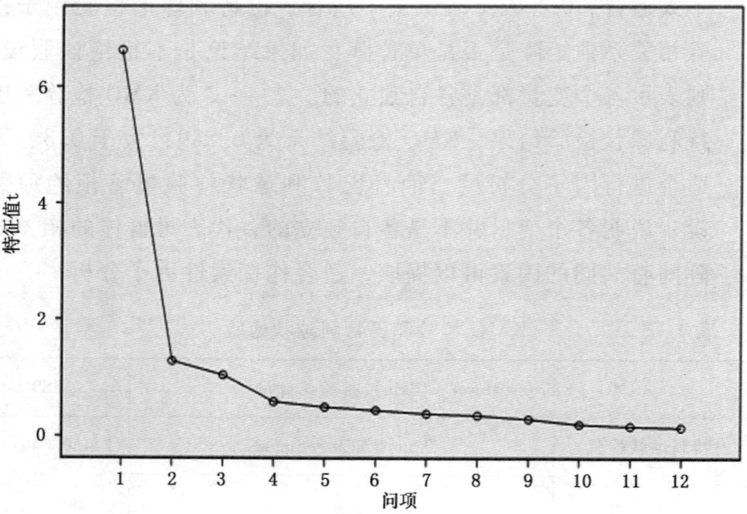

图4－2　陡坡图1

（4）转轴后的成分矩阵（Rotated Component Matrix）。

转轴法使得因子负荷量易于解释。转轴以后，使得变量在每个因素的负荷量不是变大就是变小，改变转轴前每个因子的负荷量大小均差不多的现象。在因子抽取上，通常根据问项与因子结构关系的密切程度，调整各因素负荷量大小，转轴后，大部分的问项在每个共同因素中有一个差异较大的因素负荷量。常用的转轴方法有最大变异法（Varimax）、四次方最大值法（Quartimax）等多种方法。我们在这里选择了最大变异法（Varimax），转轴后的结果如表4－4所示。

表4－4　　　　转轴后的成分矩阵

问　　项	成分		
	1	2	3
运用信息技术提高预算工作效率	.814	.132	.298
建立跨部门的团队来审批支出请求	.794	.371	.107
提供支出绩效管理工作中必要的培训	.776	.151	.232
建立精确的支出标准	.695	.134	.485
绩效评价中考虑了风险因素	.658	.566	-.048
财政支出控制流程能满足中长期规划的需要	.134	.835	.267
财政支出控制有助于本部门履行职责	.279	.819	.244
财政支出绩效评价的反馈信息及时传递	.152	.708	.430
运用连续、滚动的预测方法来编制预算	.476	.585	.198
评价结果在下一年度预算编制中发挥决定作用	.136	.219	.882
财政支出绩效评价是为遵守财政部门要求而开展的	.303	.350	.750
建立循序渐进的内控体系监督支出管理过程	.443	.374	.601

从转轴后的成分矩阵对各问项的因子归类看，分布较为

均衡，并且保证了每个因子最低具有三个问项，具有可分析性。我们根据因子的特征显示，分别对三个因子进行分析。首先，第一个因子较多地涉及预算编制应该有一个科学的方法体系并对预算编制进行必要的培训问题，这与我们前述的分析一致。

第二个因子涉及财政支出控制流程能满足中长期规划的需要、财政支出控制有助于本部门履行职责、财政支出绩效评价的反馈信息及时传递以及运用连续、滚动的预测方法来编制预算四个问项，这些问项都涉及预算单位的预算管理各个步骤的融合问题，如规划与预算编制、预算执行、预算控制与考核等几个方面的关系，这进一步印证了上述分析中所提到的战略与预算管理问题。

最后一个因子主要关注评价的约束激励问题，如是否用了评价结果是否在下一年度预算编制中发挥决定作用，是否财政支出绩效评价是为遵守财政部门要求而开展的以及是否建立循序渐进的内控体系监督支出管理过程，这些都说明预算绩效控制与激励制度需要改进，并予以具体化。

2. 需进一步优化项目的探索性因子分析。

（1）KMO 检验和巴特利球状检验。根据前述的判断规则，此处 KMO 值为 0.863，大于 0.8 表明是适合进行因子分析的，而且巴特利球状检验在 1% 的水平上显著，表明各因素并不是相互独立的，具有共同因子，可以进行因子分析（见表 4－5）。

表 4-5　　KMO 检验和巴特利球状检验

KMO（Kaiser-Meyer-Olkin）检验统计量		0.863
巴特利球状检验	Approx. Chi-Square	795.880
	df	136
	Sig.	0.000

（2）相关系数矩阵。进一步优化问项的相关系数分析表明，相关矩阵中大部分相关系数都比较大，而且都显著，说明适合做因子分析。

（3）陡坡图（Scree Plot）。从上面的陡坡图可以看出，从第四个因子开始陡坡图趋向平缓，因此提取三个共同因素是合适的。

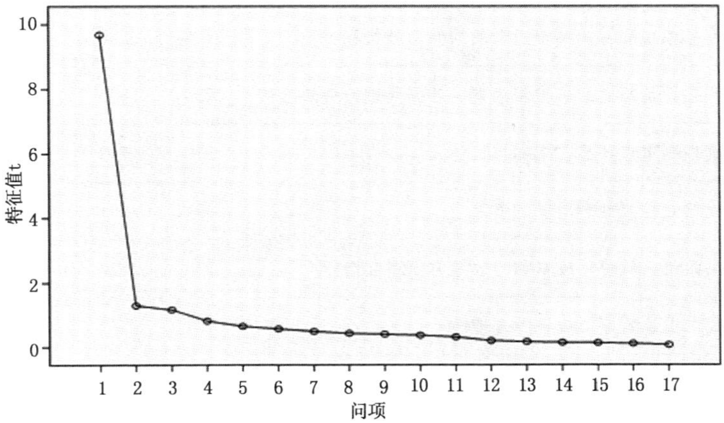

图 4-3　陡坡图 2

（4）转轴后的成分矩阵（Rotated Component Matrix）。我们选择了最大变异法（Varimax）对原始成分矩阵进行转轴，并根据第一次转轴的结果作了改进，删除了两个问项，第二次转轴后的结果如表 4－6 所示。

表 4－6　　　　转轴后的成分矩阵

问　项	成分		
	1	2	3
在预算编制前对规划目标明确地进行定位	.872	.182	.219
预算控制与本单位战略目标的融合情况	.819	.236	.202
在支出控制过程中，考虑环境的变化情况	.810	.186	.406
促进沟通以更好地改进财政支出绩效	.675	.521	.106
支出控制实际执行时是刚性的	.607	.438	.303
预算控制的目标合理性	.592	.423	.395
为业务单位和部门制定适合的绩效考核指标	.178	.846	.294
明确被评价部门的可控制因素，并据此进行绩效考核	.256	.833	.264
明确控制重点环节、指标与责任人	.310	.718	.274
支出绩效控制拥有足够的资源	.374	.651	.262
运用数量、质量、成本和时效等方面综合指标	.234	.124	.818
财政支出绩效评价报告的合理性	.154	.279	.790
支出绩效关键指标能体现规划目标的重点内容	.426	.256	.753
对绩效评价结果进行深入分析	.346	.290	.647
事前、事中和事后评价预算执行的情况	.127	.415	.630

根据转轴后的成分矩阵，第一个因子由在预算编制前对规划目标明确地进行定位、预算控制与本单位战略目标的融合情况、在支出控制过程中，考虑环境的变化情况、促进沟通以更好的改进财政支出绩效、支出控制实际执行时是刚性的以及预算控制的目标合理性等六个问项构成。这些问项都涉及战略与预算管控问题，表明现阶段规划与预算的融合仍需进一步优化。

为业务单位和部门制定适合的绩效考核指标、明确被评价部门的可控制因素，并据此进行绩效考核、明确控制重点环节、指标与责任人以及支出绩效控制拥有足够的资源等四个问项抽象出的共同因子构成了我们的第二个因子。这个因子主要关注于预算绩效的执行分析与考核，这表明预算部门仍需要进一步优化考核，运用合理的预算分析体系明确可控因素、重点控制环节、指标及责任人等。

由最后几个问项抽象出的第三个因子，涉及预算控制与分析多个方面，如事前、事中和事后评价预算执行的情况、运用数量、质量、成本和时效等方面综合指标、财政支出绩效评价报告的合理性、支出绩效关键指标能体现规划目标的重点内容等，这说明预算部门需要对预算执行进行动态跟踪与监控，采用科学的控制手段进一步优化自身的预算控制。

通过对财政预算绩效管理的问卷调查，我们得到了第一手的实地研究资料。通过对调查研究得到的数据进行一般描述性分析和验证性因子分析，我们发现了一些需要改进的问题和值得进一步优化的问题，这些问题的提出，为我们的研究指明了方向，为进一步提出优化的解决方案提供了实践基础。

4.3 预算绩效与规划的衔接与融合

预算与中期规划、年度计划的融合衔接是贯穿于国家宏观调控和预算管理的重要内容之一。规划计划是以预算主体的发展战略为目标，依据环境和实际对未来发展的主要指标进行综合平衡、优化后形成的计划目标和实施方案。预算是围绕发展战略、采用价值形式、对未来运行活动进行科学预测和合理安排，保证资源的有效配置和风险控制。建立完善的财政预算与规划计划的融合与衔接管理体系，实现高效的规划计划与预算的统筹，不仅有助于提升预算编制的绩效，而且有助于预算主体把控风险、稳健发展，最终为实现发展战略奠定坚实基础。

4.3.1 功能目标

财政预算是一项涉及部门和专业多、时间跨度长的闭环管理过程，从中国各级政府部门规划与预算的关系看，还存在以下不足：一是规划计划与预算的协调匹配，仍然是预算管理工作的难点问题，特别是项目建设与维护支出方面，强烈的需求和有限的资源间矛盾较为突出；二是“重前期编制，轻后期执行”问题客观存在，使得预算调控效能无法全面发挥；三是各级预算部门过于注重本部门单一指标计划完成情况，缺少全局视野，使得预算统筹兼顾仍显薄弱。通过规划计划与预算衔接体系构建，能够发现预算执行过程中存在或潜在的问题，并有针对性地制定协调控制措施，力争实现以下功能：

1. 落实规划计划，通过预算整体绩效的分析与设计，发挥预算对有限资源优化利用的指导作用，支撑预算主体发展目标的顺利实现。同时，通过将计划预算的核心指标完成情况及时、全面、客观地传递，为决策提供全局化的支持。

2. 实现规划计划预算信息的协同匹配。对规划与预算全过程的流程进行细化，并对关键节点进行分析，帮助各相关部门协调规划预算间的匹配，查明两者间偏差的因素，确保规划与财政预算的有效协同。

3. 提高预算执行绩效。通过运用科学化和系统化监测、分析手段，提升对重点支出的指标预算执行过程中的监控、预警、分析、控制能力，以实现“重编制更重执行”的绩效管理要求，使得资源与组织运行的融合更为紧密。

4.3.2　财政预算与规划计划的融合方案

1. 预算与规划计划的衔接分析。

（1）整体绩效分析。通过中期规划、年度计划预算整体绩效的分析，深入评估中期规划、年度计划预算工作对规划目标的平衡优化作用，对薄弱环节确诊原因，进而更好地协调督办业务部门通过管理提升，解决中期规划、年度计划中预算工作的薄弱环节。

分析预算与规划计划的整体绩效应从以下三个维度展开：一是针对整体绩效发展维度的分析，着重分析预算主体整体发展状况，重点关注发展趋势和潜能，分析驱动和制约其发展的相关因素，为提升能力与绩效提供决策支撑；二是针对整体绩效稳健维度的分析，着重分析当前风险，关注风险应对措施的落实情况，分析、评价风险管控的效果和影响因素；三是对于全面维度的分析，着重分析中期规划、年度计划预算全额全员管理的覆盖比率，并具体寻找未能有效纳入管理的业务、部门的原因。同时，还需通过联动分析和全景分析，来关注三个维度方向上的综合最优，经济周期、财政政策周期、预算绩效考核周期及领导干部任期都对预算执行的周期偏差产生影响，所有周期性因素都可以归结为预算主体的短视，跨期预算平衡机制能够有效地将以上周期性因素从制度层面纳入考虑范围。帮助实现中期规划、年度计划预算全过程的整体贡献作用最大化。

具体分析内容：对于中期规划、年度计划预算整体绩效的分析体系，可通过对比分析、因素分析、结构分析等手段，来寻找规划计划与预算在发展、稳健与全面三个维度上综合贡献的优劣及原因。

第一，选取整体绩效指标，并通过合理分解来分析各指标最终数值水平的具体结构化原因。如针对年底预算资金支付较为集中的问题，可设计预算资金支付集中率指标，即通过计算年底预算资金支付数额占全年数额的比例，并与历史情况进行对比，如发现数值出现异动，可以通过结构分析下钻分析每个月或每个部门、项目的预算支出变动情况，通过同比增长率来观察和分析该异动是否合理，进而具体分析出影响指标表现优劣的关键症结是哪些对象，并给予相应单位和部门指导依据。

第二，通过各维度各项指标之间的对比分析有助于发现各维度间的综合平衡关系，以分析是否实现整体目标的平衡最优。在分析过程中需要关联考虑，既保证中期规划、年度计划预算所制定的目标完成情况满足规划计划设定的需求，又不会影响到业务的正常运转。分析过程中不局限于单一指标的完成情况，而是关联一起分析，得到正确结论。如在2013年财政部公布的《项目支出绩效评价共性指标体系框架》中，针对债务率和重点支出安排率这两个指标，需要通过关联分析，来体现预算工作是否是在有效地确保了企业债务率不超标的情况下完成了重点支出任务，从而确保预算主体的良性运转。

第三，可以通过标杆分析法，将整体绩效指标与国际、国内标杆数据进行对比，寻找规划预算全过程在绩效上的差距，从而确定未来规划预算工作的重点提升与突破方向。

第四，对部分整体指标进一步溯源分析，根据指标所涉及的专业内容，构建指标分解树，从而明确该指标的关键影响因素。结合对这些关键影响因素实际值的研究与比对，剖析问题产生的根源，定位相关责任部门，将问题转换成提升建议。

（2）规划计划与预算流程的及时性、合规性分析。在流程分析中，常用的分析方法为下钻分析法和比对分析法，即通过钻取发生异动的指标，穿透查询与该指标相关的因子，分析因子的当前值是否准确或者合理，找出问题的关键所在。

①及时性分析。以预算支出的及时性为例，在流程及时性方面，通过监测各预算单位支出规划上报的及时性，若发现异常情况，可通过下钻指标，查询分析已上报的单位和未上报的单位的实际上报时间，可以客观了解异动的原因，为绩效评价提供有力的佐证材料，为协调督办指明方向。

②合规性分析。在流程合规性方面，通过监测指标

"支出项目规划计划和预算调整幅度比例"，下面分析各预算单位各项目中期规划、年度计划调整的比例分别是多少，针对调整幅度较大的单位和项目类型，可追溯到该单位该项目类型发生中期规划、年度计划调整的具体项目清单，查询每个项目的原值和调整值，根据具体项目的形象进度和项目特点，分析判断项目的调整是否合理，从而形成协调任务，干预控制协调相关部门和单位重新分配中期规划、年度计划调整额，保障项目合理合规并有序开展实施工作。

（3）规划计划与预算匹配性分析。规划计划与预算的匹配是预算主题分析的重点之一。设计需要针对规划计划与预算匹配情况，是指通过结构分析（如进行下钻分析、月度分析、项目明细分析等）维度细化，寻找两者不匹配的最终原因，通过趋势预测提出年度完成值的偏差关系，通过关联分析发现各专业、各条线不同工作结果的相互影响情况，进而为评价方提供预算完成及与规划计划匹配情况的全景。

在选择分析方法时，应按照不同的分析主题加以选取主要方法，包括：结构化分析法、溯源分析法、标杆分析法、比率分析法、对比分析法以及趋势预测分析法。

①结构化分析法：通过基于指标结构组成，如下属市级单位或县级单位的结构化分解，或基于每月累计发生值的结构化分解，对异常的结果进行深入分析，满足日常定期分析的需求。该方法适用于对整体绩效分析，中期规划、年度计划预算匹配性分析及中期规划、年度计划预算执行情况的分析。

②标杆分析法：通过与同业的指标对标，找出中期规划、年度计划预算整体绩效管理水平的差距点，并通过一对

一的管理对标分析，找寻具体原因。适用于中期规划、年度计划预算全过程整体绩效平衡分析。

③因素分析法：根据指标所涉及的专业内容，构建指标分解树，从而明确该指标的关键影响因素。结合对这些关键影响因素实际值的研究与比对，剖析问题产生的根源，定位相关责任部门。

④趋势预测分析法：按照其当年累计完成情况以及与历史情况的对比，建立符合业务逻辑的趋势预测，判断其未来的变动趋势和方向。

预算编制要根据单位职能职责、国家战略发展、宏观调控政策，聚焦重大改革、重要政策和重点项目。

（4）项目预算及中期规划、年度计划主题分析。针对预算部门和单位项目中期规划、年度计划和预算的完成情况，通过部门级、项目级和里程碑级的逐层分解，由粗到细、贯穿追溯、进度计划和资金预算相结合来对关注类别进行关联分析。

其中部门级主要通过该项目大类的预算及其完成情况，来对该类项目的整体预算完成或超支情况作出分析。项目级主要将项目大类预算完成情况分级到每个具体的项目，查看与分析单体项目的预算发生情况、中期规划、年度计划完成情况对该项目大类预算完成值产生的影响，并进一步确定各类项目指标的异动是由哪些项目所造成，是由这些项目的中期规划、年度计划执行与预算投入不匹配所造成还是由于本身进度完成差异所造成。而里程碑级别，则是进一步结合项目全过程的理念，对重点项目按照招投标、开工、采购、运营、结算、决算等里程碑分析差异所形成的关键症结在哪个环节。

(5) 重点影响因素的趋势预测分析。选择政府绩效的中期规划、年度计划指标（如产出数量、质量、进度、成本等），按照其当年累计完成情况以及与历史情况的对比，建立符合业务逻辑的趋势预测，判断其未来的变动趋势和方向。预测分析能更快更准确地明确该指标当前实际发生值对完成中期规划、年度计划的影响和难度，为后续决策及规划计划调整提供辅助参考。

在完成情况预测分析工作时，预算部门应从部门整体出发，避开专业部门负责的指标预测，更多关注偏综合性的指标进行预测。首先，对核心指标的影响因素进行分析和判断，形成指标分解树，对其影响因素进行逐级分解。其次，通过敏感性和波动性分析找出关键影响因素，对每个影响因素变动对最终指标利润总额的变动情况模拟，得出影响因素敏感度。同时，通过计算每个影响因素历史变动情况，得到影响因素的波动性。根据两者间的共同重要程度寻找出关键影响因素。再次，对选出的关键影响因素，根据历史趋势规律，运用回归分析等统计方法，将其模拟到预算年度，得到预测值。最后，根据关键因素的预测结果汇总形成综合计指标的预测值。

4.3.3 协调控制

中期规划、年度计划预算协调控制是通过内部协作、横向协同、纵向管控以及信息通报等方式，针对预算执行过程中发现的异动和问题，协调相关部门解决问题、消除异动、防范风险；同时，围绕影响决策的重要指标中期规划、年度计划预算完成情况，提前发出需要调整规划计划或预算的需求。

目前预算单位在中期规划、年度计划预算全过程在流程执行方面常遇到的问题在于：第一，预算编制的准确性有待进一步提高。预算编制时要结合预算单位内外部环境，通过科学合理的原则进行编制和上报，从而提升预算的准确性。第二，中期规划、年度计划预算间的匹配度有待提高，职能部门与财务部门预算的口径和内容要保持一致，指标类和项目类的中期规划、年度计划值与预算值应该相互匹配。第三，预算调整幅度的科学性有待提升，从而体现出预算管理的精益化水平。通过设计合理的指标解决可能存在的差异，并通过绩效监控与评价部门的协调控制达到相应的管理目标。

中期规划、年度计划预算协调机制通常包括以下要素：一是需求管理，即根据经验和历史数据，由预算部门判断确定需要与中期规划、年度计划进行协调的具体绩效指标；二是问题分级，要对需要协调的绩效指标按照重要性进行分级；三是协调启动，即设定工作期限，制定预算绩效指标与中期规划、年度计划相匹配的具体思路方案和工作机制；四是协调督查、反馈和结果通报等环节，形成闭环模式，并最终通过横向协调与纵向通报两种方式，将上述问题发现、督办解决和结果反馈等过程告知相关单位。横向协调由预算控制部门牵头，向各专业部门通报传达情况，实现与协调控制主流程对接，便于有关部门综合掌握本单位的协调控制情况。纵向通报则由预算控制部门对协调控制事项进行梳理和分析，通过监测诸如“下属单位上报指标中期规划、年度计划预算匹配率”、“下属单位上报项目中期规划、年度计划预算匹配率”等指标，分析各单位上报的中期规划、年度计划与预算之间的匹配情况，判断整体的匹配情况，并及时发现问题，同时，对业务部门的问题和异动处理情况进行评价，协调督导，反映协调控制工作开展情况，提出优化建议，并由预算控制部门设定目标与期限，在要求期限内完成该项工作，并将结果汇总并作评估，在必要时将分析信息和结果向预算决策部门汇报。

4.4 预算绩效评价改进

预算绩效评价是反映财政支出绩效总体现象的特定概念和具体数值，是衡量、监测和评价财政支出经济性、效率性和有效性，揭示财政支出存在问题的重要量化手段。为准确把握中国预算绩效评价工作实际，结合问卷调查中发现的问题，我们对部分省市财政局就预算绩效评价的方法、经验、遇到的问题、未来工作改进及相关建议等进行了深入调研，本节将结合调研情况进行分析研究，以期为健全中国财政预算绩效评价指标与方法体系，完善财政支出绩效目标管理，进一步规范预算绩效评价行为，实现财政性资金预算绩效评价全覆盖有所贡献。

4.4.1 预算绩效评价工作的进展及主要经验

1. 建章立制，形成评价工作规范。各地各部门都以中央预算绩效管理的相关文件为指导，结合自身实际，不断加大制度建设力度，夯实绩效评价工作开展的基础，建立了覆盖综合性制度、专项管理办法、业务操作规范等不同层级的制度规范，对绩效管理的工作原则、基本评价方法、指标体系、组织管理、实施范围和步骤以及结果运用等方面内容做出了比较详尽的规定。北京市从2004年开始自教科文处以市级单位财政支出项目为突破，探索预算绩效评价工作，通过对项目支出的后评价以改进支出的效率效益。以北京市为例，2006年，北京市财政局成立了绩效评价处和考评中心，分别负责绩效评价的制度建设和实务操作，2010年，绩效评价处划归预算处，工作重点由过去的项目支出逐渐转向北京市大额专项资金的绩效评价。2015年12月，绩效评价处与绩效考评中心重新进行了职能整合，对以往支出项目的评价方法进行了“颠覆性”的改进，并以此为契机开展了市级财政支出政策绩效评价的试点工作。

2006年北京市财政局绩效考评中心成立至今，陆续出台了《北京市财政支出绩效评价管理暂行办法》、《北京市市级项目支出事前绩效评估管理暂行办法》、《北京市市级财政支出绩效跟踪管理办法》等文件，对部门职责、工作程序和方法进行了明确，构建了完善的绩效管理体系。2010年，北京市开始对2011年的项目进行事前绩效评价，评估的对象包括与市财政局直接发生预算缴拨款关系的市级国家机关、政党组织、事业单位、社会团体和其他独立核算的法人组织等申请财政资金的项目，并以拟列入预算的民生类、城市管理服务和城市建设类等社会关注度较高、金额较大或年度新增的项目及重大政策为重点，围绕项目实施的必要性、可行性、项目绩效目标、财政支持的范围及方式、经费保障渠道、项目预算等基本内容构建指标体系，建立健全相关制度和具体实施细则。至2013年，项目事前绩效评估指标体系日臻成熟，包括：项目的相关性、预期绩效的可实现性、实施方案的有效性、预期绩效的可持续性、财政资金投入的可行性及风险，并以此为一级评估指标，通过指标分解和扩展，形成18项二级指标，最后再按照项目的类别和特点设定三级指标，例如：预期绩效的可实现既包括既定的绩效目标，也包括了该项目可能衍生的绩效目标。通过近三年的运行，该指标体系取得了良好的实施效果。

2006年至今，北京市财政局始终把绩效评价作为财政管理改革的重要举措和有效支撑，按照“从增量扩面向提质增效转变；从事后评价向事前评估转变；从财政部门主导评价向部门自评与财政部门再评价相结合转变；从项目评价为主向部门整体支出评价拓展”的改革思路，逐步建立了“预算编制有目标、预算执行有监控、预算完成有评价、评价结果有反馈、反馈结果有应用”的预算绩效管理机制，2006年以来，绩效评价的规模不断扩大，项目数累计达到2000多个，涉及金额1000多亿元，有效助推了财政资金使用绩效的提升。2016年，北京市财政局拟开展十项财政政策的后评价，并在编制2017年预算时将财政政策的事前评估纳入其中。

2. 改进方法，不断完善指标体系。在指标体系设计上，各地各部门都普遍采用共性与个性相结合，定性与定量相结合的设计思路，有效促进了评价质量的提升。例如：四川省项目支出绩效评价共性指标体系主要由项目决策、项目管理、项目完成、项目效果4个一级指标、28个二级指标以及47个三级指标组成；广东省按照定量指标和定性指标，分别设计了经济建设支出、支农支出、教育支出、科技支出、文化体育支出、卫生支出、社会保障支出、政府采购支出、政府运转支出等大类的定量指标；以及支出项目预定目标规划、执行情况；项目单位公务员（在岗职工）素质、支出项目的基础管理水平、发展创新能力与战略、服务硬环境与服务满意度、综合社会贡献等定性指标，对每一类指标都设计有详细的细化指标和指标解释，并且指标的设置是动态的、开放的、可扩充的，所选用的指标既可从每类指标和备选指标库中选取，也可以根据评价对象的特性设置指标，从而保证评价结果的科学性和准确性。安徽省在积极探索利用管理学上的“平衡计分卡”方法构建指标框架，并尝试利用模糊数学、灰色理论、客户满意度调查模型等方法，进一步增强指标设置的客观性和准确性。上海市将公共政策评估指标体系设定为以下三个维度：政策制定（包括政策依据、政策调研、政策目标、政策内容等）、政策实施（政策宣传、政策落实、政策监督、政策投入等）、政策效果（包括政策产出、政策效益、政策满意度、政策知晓率等）指标，并以此为基准，再根据具体支出政策的特点进行优化，设定具体指标。浙江省按照3E原则设定了政策绩效评价框架，经济性包含政策设立的必要性、政策目标的合理性、政策方案的科学性；效率性包含政策管理效率（指业务管理及资金分配的效率）、政策执行效率（指政策扶持项目的相符度及进度）；效益性包括政策实际效果、相关方满意度、政策公平性等。要求每项评价内容只设计简洁的关键性指标，由评价人员具体开发，按维度给出评价结论。

这其中，北京市财政局着重探索的财政支出政策的后评价较有特点，其基于对公共政策基本要素的理解，从以下三个层面进行指标体系构建：一是在政策层面，重点评价政策主体所制定目标的明确合理程度，执行后目标产出的达标程度、效益的显著程度；二是在政策与政策分解任务对接层面，重点评价对政策的任务分解和落实情况；三是在政策分解任务层面，重点评价政策主体运用政策手段进行过程管控的有效程度，政策主体分配资源的公平程度及政策对象享受利益的均衡程度，为保障政策效果的持续性、政策主体资源投入的可实现程度，在具体指标设计上，北京市财政局以政策相关性、政策效率性、政策效益性、政策公平性以及政策效果可持续性的“五性维度”为一级指标，需求充分性、目标明确性等12项二级指标和23项三级指标（见表4－7）。

表4－7　　政策绩效评价指标体系共性框架

一级指标	二级指标	三级指标
政策相关性（权重分值15分）	目标明确性	政策目标与国家发展战略相关程度
		政策目标与北京市级政策相关程度
		政策目标与主管部门职责相关程度
	需求充分性	政策目标的现实需求性
		政策目标的现实可行性
	政策分解任务系统性	政策分解任务与政策的目标相关性
		政策分解任务实施条件的充分性
政策效率性（权重分值30分）	规划落实科学性	政策规划落实的科学性
		政策分解任务实施规划计划落实的科学性
	过程控制有效性	实施进度的可控性
		实施质量的可控性
		实施过程的合法合规性
		资金使用的合法合规性

续表

一级指标	二级指标	三级指标
政策效率性（权重分值30分）	目标达成性	资金的落实及执行程度
		产出的及时程度
		产出的达标程度
政策效益性（权重分值30分）	政策执行效果（根据政策特点设定个性化指标）	—
	服务对象满意度	—
政策公平性（权重分值10分）	政策资金分配公平性	政策分解任务之间资金分配的公平合理性
		区域之间资金分配的公平合理性
	政策效益普惠性	政策效益的公共性
		政策效益的无差异性
		政策效益的非排他性
政策效果可持续性（权重分值15分）	可持续条件	内部保障条件的可持续性
	可持续环境	外部环境的可持续性

3. 客观公正，“用数据说话”的评价方法。绩效评价的方法包括定性和定量评价，定性评价一般通过遴选绩效管理专家、财政财务专家和业务专家组成评价组，以打分方式对绩效情况做出判断，但该方法主观性强，并且由于评价专家不同，其打分结果也不具备可比性。定量评价则相对更有说服力，但在实际工作中指标设计及操作难度大、要求高，各地在实践中也尽可能多地采用定量评价，并结合当地实际积

累了许多值得借鉴的经验。以北京为例，北京市财政局积极探索改进方法，提出数据评价法的改进思路，即对评价指标体系中每项末级指标确立量化的标杆值，明确评价与评分标准，摒弃了将专家意见作为唯一评价标准的做法，标杆值不是简单的平均值或最优值，而要综合各方面因素选取相对合适的数量标准。例如：在对北京市平原地区造林工程的财政支出政策进行评价时，政策执行效果中的平原地区森林覆盖率提高程度指标首先按照林业通用标准将公式确定为："（市级检查验收合格自查上报面积÷北京市平原地区总面积）×100%"，再按照该政策总体目标："从2012年开始，争取利用五年左右时间，全市平原地区森林覆盖率净增10.32%"的要求，截至2015年评价时点，该标杆值应为10%。实际结果达到10%时该项指标得满分，每降低0.2%则扣掉5%的权重分。由此，大多数指标都以标杆值的形式实现了量化。

对于少数只能定性的指标，指标设计时采用层层分解的办法，直至分解到是非判断层面，即让专家直接回答"是、否"，最大限度地降低了主观性的影响。例如：对于三级定性指标"政策分解任务实施中期规划、年度计划落实的科学性"，将其分解为"工程分解任务的制度保障程度、工程分解任务的组织保障程度、工程分解任务的资金保障程度"三项四级指标。对于工程分解任务的组织保障程度，评分标准包括工程分解任务开展是否明确区县层面主管部门主要职责，工程分解任务开展区县部门与具体项目对接是否达到100%两项内容，每项各占1/2权重，分项评分后加总得到该指标总分。若结果为是，权重得分100%，否，权重得分为0。

4. 形成合力，财政主导下的第三方参与模式。政策绩效评价工作涉及面广、专业性强，必须加强各相关部门的沟通协调形成合力。要发挥部门的主体责任意识，提高做好绩效评价工作的积极性，要培育中介机构队伍，还要充分争取人大、政协的支持，评估主体多元化也是绩效评估的民主性、科学性、公信力的有效保障。例如：北京市财政在绩效管理中坚持公开透明的原则，与人大、政协积极进行决策互动，定期汇报年度绩效情况，聘请人大代表、政协委员参与监督预算绩效评价工作。绩效评价的具体工作由北京市财政局相关职能处室按第三方类别进行招标，通过公开竞争机制大力引入包括会计师事务所、咨询机构在内的第三方专业机构，并对机构的评价工作制定操作规范和考核办法，对相关人员实行考试和培训制度，确保第三方评价的工作质量。

北京市财政局在评价指标体系设计及具体评价工作中还引入了集体论证机制：事前评估主要通过聘请专家、网络调查、电话咨询、召开座谈会、问卷调查、人大代表及政协委员参与；事后评估主要在获取充分、适当数据资料的基础上，由财政局各业务处室组织专家、第三方中介机构共同对指标进行逐项论证、出具评价意见和分数，并集体讨论其科学性。

5. 结果导向，支撑政策的主要依据。以绩效评价结果的应用为落脚点，各地各部门都建立了绩效报告和问题反馈整改机制以及绩效评价结果与预算资金安排有机结合的激励约束机制，一定程度上解决了预算分配和绩效评价相脱离的问题。北京市绩效评价结果每年会在预算部门范围内公开，并且已经成为预算决策的重要依据：对当年绩效评价结果为

“一般”以下的部门，相应扣减其下年度预算控制数。一些绩效不理想的项目将被逐步淘汰、调整，相应的节约资金将重新进行配置，安排到其他民生项目当中。2011年，北京市出台的《北京市预算绩效管理问责办法》中规定绩效评价的结果与预算直接挂钩，强化预算的刚性约束，明确了绩效问责的情形和方式，北京市财政局将在2016年配合市人大修订《北京市预算监督条例》，绩效评价将作为促进预算主体依法依规落实责任的抓手发挥重要作用。

4.4.2 预算绩效评价的问题与难点分析

1. 缺乏绩效评价的顶层设计。目前，中国对于财政预算绩效评价尚未有专门的上位法，财政预算绩效评价的要求散见于《预算法》和部分法规之中，尽管近年来各级财政部门均将绩效评价作为一项重点工作不断推进，但政策不尽一致，缺乏规范统一的执行程序和客观可靠的操作方法，对于财政政策的绩效评价大多不是尚未开展，就是“新瓶装旧酒”的部门和项目支出评价，长此以往，不仅先进的理念方法难以得到有效普及推广，更重要的是会造成评价工作自身的公正性受到质疑，直至影响到财政政策本身的权威性。韩国在亚洲金融危机之前，中央政府对地方政府政策绩效没有评估，政府绩效评估一直坚持地方自治为主导，危机发生后，社会各界纷纷批评政府对银行配置国外股权类资产放开的政策，进而上升至对政府只重视预算投入和政策执行而不重视政策效率效果的行为的诟病，在此压力下，政府成立了“政策评价委员会”，并制定了《关于对政府工作的审查评价和调整的规定》，但危机损失已难以挽回。所以，顶层设计在绩效评估中不可或缺。此外，在具体制度层面，目前对大的专项和财政支出政策评价还处于起步阶段，现在项目支出时都要求报绩效目标并选择重点项目进行评价，并由各部门进行批复，但从总体执行情况看，单个项目评价与整体财政支出政策评价相比，范围窄、资金量小，存在很大差异，下一步绩效评价的重点是在做好现行项目评价和部门整体评价的基础上，更进一步拓展至政策、制度、管理评价，迫切需要从中央层面出台权威性指导意见和操作指南。

2. 绩效评价的内生性矛盾。对预算绩效考评是一项世界性难题，在中国更是一项全新的尝试。绩效评价的对象本身具有多元化、长期化、综合性的复杂特点，因而在评价标准上难免会产生总量与结构、速度与效率、全面性与时效性、经济效益与社会效益等诸多内生性的矛盾和冲突。以全面性和时效性为例，部分财政支出的基础设施施工周期长、受益对象广、界定难度大、效果显现慢，单纯依靠年度事后评估介入时间节点不易把握，而事前的绩效评价更加困难，根据发达国家的普遍经验，比较可取的方法就是将政策或项目的目标和实际进行对比得出绩效，但对目标本身的主观性和合理性却无法考量，造成在实际操作过程中评价对象要么故意设置较低的目标，要么随意扩张和滥用权力，政府却无力监督。此外，绩效评价涉及财政部门、预算部门、第三方独立机构、社会公众等，利益相关方众多，协同开展绩效评价工作难度较大，实践中主要以财政部门为主导，项目单位由财务牵头，双方的工作任务都很繁重，评价对象又不在财务部门，直接影响了财务部门的工作积极性；若委托第三方独立机构实施评价，会在一定程度上减轻上述部门的工作量，但也存在预算财务部门缺乏动力，第三方滥用职权的风险，况且中国绩效评价工作开展时间较短，人员储备不足，特别是既懂财政政策又熟悉绩效评价理论、还能具体实施评价的人员更为短缺。

3. 评价管理体系与政策环境的冲突。政策绩效与公共部门绩效、公共项目绩效共同构成政府绩效，所以政策绩效本身与政府绩效之间存在相互影响的关系，而现行的政策绩效评价，其对象仅是单一特定政策，无法反映政府整体绩效中其他因素的影响，换句话说，单一政策的绩效评价结果可能较好，但实际执行时可能存在政策与政策之间、政策与管理体系之间、部门与部门之间的冲突，这些因素是政策绩效评价难以顾及的，需要进一步理清政策的边界以及与环境的关系。

4. 绩效评价结果的应用程度不足。绩效评价的主要目的是发现问题、提出建议、改进工作。但从目前情况来看，受“重分配，轻管理；重使用，轻绩效”意识的长期影响，绩效工作仍未真正融入预算管理流程，尽管各地各部门在工作中坚持结果导向，在绩效管理的部分关键环节上取得突破，但尚未形成预算业务与绩效互为促进的融合机制，评价结果与业务规划的关联性不强，仅仅作为排名依据或规避管理风险的一种手段，缺少有效应用的长效机制。

4.4.3 改进建议

1. 科学处理过程与结果的关系。公众满意的结果导向是预算绩效评价的基本目标，鉴于预算绩效的目标多元、长周期性，应将绩效评价贯穿于评价对象的全生命周期，可以通过对预算绩效构建持续评价和“回头看”机制，以事前评估和定期评估中的弱项、短板指标为重点，强化过程管理和进度监控，考虑与行业协会、其他主管部门等加强沟通和协作，分解下放部分后评价事权，以此为政策结果的有效性提供保障。此外，财政预算绩效评价工作量巨大，除了引入第三方独立评价机构参与外，也应注意积极调动被评价单位自身的积极性，特别是对于一些评价周期长的政策可采用被评价单位定期填报指标，辅以必要信息披露的措施，以实现预算绩效评价工作的提质增效。

2. 技术上进一步提升指标设置的科学性。在完善发展规划和年度计划的基础上，优化绩效目标整体设计，加强绩效目标论证，在明确总体绩效目标、年度目标的基础上，配套预算绩效评价工作的持续推进机制。建议构建评价指标数据库和数据共享机制，将指标分为共性和特性指标两类，针对评价对象的具体特征结合运用；在标杆设置时，结合绩效改进情况、其他同类绩效、理想绩效情况等分别设置权重进而综合得出标杆值，增强评价结果的客观性和公正性。

3. 培育中介力量。部门预算绩效评价不能只由政府部门自我评价，也不能只由上级管理部门评价，应引入多个评价主体进行独立评价，特别是应聘请相对独立的第三方机构依据一套科学的预算绩效评价标准和严格的绩效管理程序对部门预算绩效进行评价，新修订的《预算法》要求在规范预算绩效管理时，把预算的参与性摆在突出位置，强化外部监督要求。这种做法不仅有利于提高部门预算绩效管理活动的科学性、公正性和客观性，更重要的是能够促进部门不断完善自身绩效预算制度和行为，增强社会公众对政府部门的认同和信任。

因此，要提升其履责能力，就要从财政支出政策评价的需要出发，加大市场培育、机构遴选、人员培训、资质认证、行业评估等方面工作力度，提高中介工作社会认同度，实现绩效评价的公信力。

目前，第三方参与财政预算绩效评价在中国尚处于起步阶段，从各地实践看，第三方参与预算绩效评价的范围正不断扩大，评估中引入第三方可以有效地提升评估的专业性和独立性，但目前国内第三方中介专业水平参差不齐，缺乏相关的顶层设计，第三方参与和执行财政资金绩效评价缺乏制度法律依据，操作程序有待进一步统一和规范，影响了评价的权威性；从评价机构看，专业化、高素质的技术人才和管理人才较为匮乏，相关人才资质、业务流程和技术规范尚无统一质量控制标准，评价方法上以专家打分为主流存在争议；从评价对象看，预算部门、项目实施单位对第三方选聘常缺乏公开、公平的程序，引入第三方参与评价的经费来源不明确，常常是评价对象付费，直接影响了第三方的独立性，此外，预算部门与第三方主体的有效沟通渠道缺失，积极性和配合程度不高给第三方独立有效开展评估造成障碍。

《中央部门预算绩效评价聘用第三方机构管理暂行办法》（以下简称《办法》）是建立财政监督长效机制的制度保障，强化了绩效评估对财政资金管理和分配的结果导向，对于保障绩效评价结果的客观有效、科学公正具有重要意义。在内容上，该《办法》明确了咨询评估公司、会计师事务所、审计师事务所等机构参与预算绩效管理工作的选聘原则、条件、工作机制、程序、责任、经费来源、监督考核等关键问题，对于有效克服目前部门预算引入第三方参与绩效评价的困难和障碍将发挥积极作用。

未来，应以该《办法》的实施为契机，逐步实现财政预算绩效评价主体的多元化，加强对部门预算绩效第三方评价的过程督导，创新评价方法和指标体系，借助目前的信息化和大数据技术不断提高绩效评估指标的量化和结果的透明度，强化绩效评价结果运用和问责。

4. 建立健全结果应用和问责机制。在明确预算绩效目标的前提下，应强化考核结果运用，既要直接运用于预算资金的配置，同步构建和完善绩效评价对象设立、退出和调整规范的配套机制，并将绩效与制定主体的效能和责任挂钩，促进预算部门的回应，倒逼其改进绩效，通过绩效强化公开与问责进一步落实绩效单位主体责任，分解目标责任，督促其向社会公众提供更好的公共产品，并以此带动绩效的持续改进与提升。

4.5 预算绩效管理的配套改革

4.5.1 清晰界定政府权责

政府权限涉及经济、政治、社会、文化、生态各个领域，也涵盖经济调节、市场监管、社会管理等多个方面。当前，中国正处于权力结构和利益调整的关键时期，明确各级政府在公共产品与服务供给中的职能范围既是编制绩效预算的基础，也是绩效预算发挥作用的前提。党的十八届三中全会提出："推行地方各级政府及其工作部门权力清单制度，依法公开权力运行流程。"十八届四中全会进一步提出：

“推行政府权力清单制度，坚决消除权力设租寻租空间。”界定政府职责权限，首先需要明确的是政府在市场经济活动中的职能，重点在促进市场竞争、维护市场秩序、解决信息不对称等方面；其次是要明确公共产品与服务供给活动中的职能，就是在基础设施建设、国防、社保、医疗、科技、文教领域进行系统规划，构建法律制度体系，促进资源合理配置，推进公共产品和服务的均等化；最后是行政活动中的职能，是为保障前述两项职能履行的政府组织自身应当发挥的作用，包括：执法，编制和执行国家社会经济发展规划、计划、预算、审计，组织行政机关运转等。

从各国经验看，明确职权、解决权责交叉的方式如下：首先，是在国家宪法和法律制度中进行界定，内容包括横向部门之间厘清主体和权限，纵向上根据不同层级政府合理配置事权；其次，通过特定的协议、使命、战略目标等方式加以明确，设置相对法律规定更为具体的权限内容，并辅之以“负面清单”对上述规定之外的剩余权力进行严格的限定，既使政府权力目标更加集聚，也降低了行政风险。

在中国，一是要以法律设权：中国宪法规定由国务院规定中央、省、自治区、直辖市的国家行政机关的职权具体划分，没有体现事权法定原则。要在对其进一步完善的基础上，遵循宪法和法律至上，法律面前人人平等，权由法定、权依法使的原则，树立法定职责必须为、法无授权不可为的理念，结合当前实际环境和客观条件，将政府职责设定在有限、清晰的范围内，并根据机构职能和任务目标优化政府机构设置和人员配置。二是要以制度管权：实行政府公共管理职能和履行出资人职能相分离等有效的权力制约与协调机制，构建规范公开、高度透明的信息披露与监督体系，营造良好的制度环境。三是要以责任和效率用权：责任和效率是确保权力规范运行可持续的重要机制，要按照法律、制度规定的程序、手段、标准、机制行使权力，将服务公众的理念贯穿至权力行使的全过程，做到用权受监督、有权必有责。

4.5.2 引入权责发生制政府会计核算机制

政府会计是预算绩效管理不可或缺的重要工具，中国长期以来实行的收付实现制预算会计不以权利、义务作为资产、负债的确认基础，核算中常存在账实不符的问题，无法提供全面准确的会计信息，难以反映公共资源优化配置与合理使用情况。权责发生制能在配比基础上确定产品和服务的真实完全成本，为科学确认和计量政府资产负债、准确测算政府未来运行成本、编制中期财政规划提供客观详实的绩效信息。美国在1949年的胡佛委员会便建议联邦政府应用权责发生制会计以合理反映政府履责情况，1976年，美国财政部开始发布权责发生制为基础的政府财务报告，以权责发生制为基础的财务报表已成为比收付实现制年度预算更好地反映政府财政风险的信息来源①。相比之下，中国预算绩效管理也必须对隐性负债有科学的计量方法、对预算前景和风险有清醒的认识。

在改革思路上，根据陈立齐教授的研究可以分为弱式、次强式、强式和超强式模式：弱式改革着眼于将特定的业务，如短期应付、应付账款、政府养老金、利息费用等由现

① 陈立齐著：《美国政府会计准则研究》，中国财政经济出版社2009年版，第139页。

金收付转为按资源权属义务进行确认，波兰、丹麦等国采用该方式；次强式也称修正的权责发生制，即将权责发生制应用于报表中除实物资产以外的所有要素，这样财务报表对主题资源增减变动的反映则相对完整，冰岛、意大利等国采用该模式；强式有效模式则不仅将实物资产作为资本化并计提折旧，而且将国有基础设施也纳入其中，新西兰、瑞典、澳大利亚等国均采用这一模式。新西兰财政相关报告的核算基础均遵循公认会计准则，以权责发生制为基础，并且每月公布自本财年截至公布时点上月的财务报告，主要内容即包括了财政绩效、按功能分类的支出情况分析、净资产变动、现金流等，这为其财务管理的重点由投入专项产出奠定了坚实的技术基础。

实际上，中国政府会计也正迈向权责发生制，财政部发布的《权责发生制政府综合财务报告制度改革方案》中提出自2014年起在7年内，建立权责发生制的政府综合财务报告系统，总体目标是通过构建统一、科学、规范的政府会计准则体系，建立健全政府财务报告编制办法，适度分离政府财务会计与预算会计、政府财务报告与决算报告功能，全面、清晰地反映政府财务信息和预算执行信息，为开展政府信用评级、加强资产负债管理、改进政府绩效监督考核、防范财政风险等提供支持，促进政府财务管理水平提高和财政经济可持续发展。权责发生制的技术要求也被写入党的十八大报告，体现了其在中国改革中的重要地位。在具体改革思路上，预算会计改革应按照为改革提供决策有用的信息的原则，遵行循序渐进、先易后难的思路，从科目设置、分类着手，在对其财务流动性和各类资产偿债能力科学分析的基础上，将权责发生制的应用逐步扩展至财务报告的全部要素，此外还应加强政府财务报表合并、信息质量要求等使用分析渠道等制度建设，将内部控制机制纳入会计核算流程，以保证会计信息质量和效率，完善电子信息数据系统等技术支撑，避免信息碎片化和信息孤岛，提高财政支出绩效分析水平。此外，权责发生制改革是一个长期的过程，美国和澳大利亚用了20年的时间，英国和新西兰也花了近10年时间，在会计准则趋同的过程中，还要特别注意准则的适用性问题，严谨、充分地分析国际准则的适用条件、隐性假设是否是利益妥协下的产物等，将试错成本降至最低，取其精华，与中国财政经济改革的客观需要和实际紧密结合。

4.5.3 财政预算的预测分析机制

预算绩效管理的应用价值不仅体现于对资源的合理分配和利用，强化财政对宏观经济的调节作用也是很重要的一个方面。近年来，欧美国家纷纷设置了独立财政机构，OECD成员国一半以上拥有独立财政机构，较著名的如美国的国会预算办公室、德国预算委员会等，其重要功能之一便是向议会编制参考预算，为财政政策的优化提供辅助决策，其对于提高预算编制与管理水平，改进公共政策质量有着良好的应用前景，被OECD称为“新型公共管理财政架构中最重要的创新之一”。完善财政预算分析预测体系的主要措施包括：一是确定预算规模及增速时应充分合理考虑物价水平、利率、人口增长、国际收支等相关因素的影响，及时准确预测经济、财政、债务、行政首脑任期等周期性因素对预算执行周期偏差的影响，充分考虑预算稳定基金的逆向调节作用，必要时引入数量模型强化对特定指标的短、中期预测以及跨年度预算项目的中长期预测。二是在利益相容原则下强化财政绩效预算结果应用，加快建立全国统一的财政预算绩效评价数据库和结果应用机制，增强绩效结果的可预见性，实现事前预测—事中控制—事后评价—修正—提升的闭环管理。三是用数据说话，尝试应用经济增值作为预算绩效考核指标，引导责任人从重收入到重能力与需求相平衡，实现责任中心从执行控制管理转移到价值管理，从经济建设职能转向服务大众职能，约束盲目投资扩张和高风险决策。四是强化对预算执行的事前事中事后监督，完善预算资金内部控制制度，密切财政部门与代理银行的沟通合作，搭建预算执行动态监控平台，保障预期绩效的实现。

4.5.4 信息化与披露机制

预算绩效管理的信息承载着预算绩效管理成果，是绩效决策和监督问责的重要依据，其不仅应该在财政部门间沟通，更应在政府和社会公众间交流和沟通，在技术层面，政府应充分利用互联网技术打造预算绩效信息的数字化管理平台，为信息使用者提供在线的信息服务，传递先进的管理理念，为社会公众理解和参与政府公共服务的全过程提供表达和沟通渠道；在制度层面，预算绩效信息公开是预算信息公开的重要内容，除法律法规规定的应予保密的信息之外，其他一切有关预算绩效管理的情况应及时客观地对社会公开，真正实现“让权力在阳光下运行”，杜绝暗箱操作，接受社会监督。

2016 年，61 家中央部门从决策、管理、产出、效果等维度首次公布了预算绩效管理工作开展情况，其中三分之一的部门公开了具体项目的评价结果。从信息披露质量看，还存在以下问题：一是以定性信息披露为主，量化的绩效成果占比有待提高；二是整体绩效目标信息较为笼统、宽泛，年度绩效目标不够具体明确，缺乏设定依据、实施方案等方面的信息支撑；三是个别项目的绩效信息与部门或项目总体的绩效目标的关联性不明确、缺乏层次划分。相信今后随着中国财政预算绩效信息披露机制的逐步完善，相关信息披露工作必将实现常态化、规范化管理，信息质量、评价结果的客观性、权威性将得到有力保证。

4.5.5 预算绩效管理的制度促成机制

要实现预算绩效管理的高效运转，还需从制度激励上做出调整。在完善财政体制的框架下提升财政供给能力，使其与自身的激励约束（通过预算绩效制度的安排）一体化，将有助于财政预算行为向社会福利趋于一致。构建促进财政预算绩效管理体系优化的、激励相容的制度体系在一定程度上可以提高预算制度本身的质量。中国预算绩效管理除受绩效评价的技术因素影响外，还包括中央与地方财权与事权不匹配，预算绩效法制管理不健全，其根源在于缺乏一套高效的正向引导抑或反向倒逼机制。从理论上看，通过对现有预算管控制度的“存量调整”与“增量改善”，从执行审批、现金流控制、偏差分析与调整等环节实现预算制定、执行、监督的相互独立和制衡，促进预算绩效的优化。从中国实践看，近期所实施的预算体制改革政策，如缩短转移支付下达进度，完善国库集中收付制度改革，清理地方财政专户数量等，对促进预算执行效力产生了积极影响。从国际经验看，无论是突出自主性的目标管理预算，强调长期稳定的“计划—规划—预算”系统，注重项目排他性的零基预算还是融入企业管理思想的绩效预算，均需要在利益博弈的基础上加以实现。简言之，实现预算绩效管理的制度优化，需要发挥政府的主观能动性，因地因时地综合施策，并注重预算改革与公共管理行政事业单位改革的配套协调，审计制度、干部绩效考评等横向制度的延伸配套与衔接，形成合力，实现预算绩效管理的效用最大化，保证整体改革的协同推进。

5

结　语

5.1

把握预算绩效管理改革关键

当前，中国正处在调结构转方式的关键时期，人民群众公共需求的快速增长同公共产品短缺及分配不均的矛盾突出，需要更加有效地使用财政资源。在民生支出不能减少、税收负担不能增加的现实约束下，借鉴国际经验，提升积极财政政策的针对性和有效性，深入推进预算绩效管理改革，对于优化支出结构、缓解支出刚性、提升财政政策效能、改进财政管理具有重要意义，更是提高政府行政能力、实现国家治理体系与治理能力现代化的有效抓手。就中国预算管理工作本身而言，工作机制有也待进一步健全，主要表现在预算与国家规划和宏观政策等联系不够紧密，部分支出项目设定缺乏前瞻性、变动幅度大，预算编制的科学性和预算执行的严肃性需要进一步增强，支出标准缺乏科学合理的依据，重分轻管现象普遍存在，绩效评价结果运用不充分等。因此，要更好地把握改革的主动权，关键是以改进预算绩效为突破，在提升国家治理能力方面取得决定性成果。

2015 年以来，中国已在扶持中小企业发展、简政放权、促进双创等方面引入第三方开展了专项绩效评估，为实现公共决策法制化、科学化，整合社会优质资源，推动政府职能转变，优化社会治理关系奠定了实践基础。本书的研究从预算绩效管理的实践视角切入，关注在当前预算改革不断深入的背景下，如何让预算绩效管理的先进理念和方法进一步推进政府依法履职，更有效地指导预算部门提高绩效，这一问题的研究初步得出以下结论：

1. 预算绩效本质是在公共服务领域引入企业管理的成本收益理念，“像管理企业一样去管理政府”，资源配置的导向也应相应地表现为“为顾客服务的产出或结果”的绩效，预算绩效管理是 20 世纪 70 年代“新公共管理改革”运动的核心主张，各国不仅采用这一理念化解了当时的“经济危机、管理危机和信任危机”，而且将这一理念扩展为一套包含顶层法律法规到具体操作工具的制度系统，并结合本国的特点和需要加以不断完善，为公共资源的有效配置、提高政府行政水平发挥了重要的作用，至今已成为发达国家财政治理的关键。

2. “经济新常态”的背景下，中国虽然已经是全球第二大经济体，但经济发展方式粗放，财政资源的投入和公共产品和服务的供给效率不相匹配。总结借鉴发达国家预算绩效管理的先进理念和方法，优化中国预算绩效的制度设计和运行机制，是财政能力提升的助推器，是公共资源配置趋优的催化剂，更是实现国家治理能力现代化的发动机。

3. 本书运用调查问卷的研究方法发掘预算绩效管理在实践中存在的问题，选择表现最为突出的“预算与规划计划相匹配、预算绩效评价、预算绩效管理配套改革”三个领域开展研究，分析其中的难点，在制度和技术层面分别提出了改进思路和建议。

4. 通观国内外预算绩效管理的实践与本书的研究，我们认为以下一些观点是认识和把握预算绩效管理的关键：

第一，推进政府依法履职，提升绩效，基础是发挥预算绩效立法的引领和推动作用。法律依据既是政府绩效评估客观、有效的价值原点，也是保障其系统、科学、可持续的基础条件。在推进中国治理体系和治理能力现代化进程中，预算绩效立法至少可以在三个方面发挥作用：一是将预算绩效的管理目标、原则、方法、程序、责任等通过法律形式加以固化，避免运动化倾向，改变以往通过制定事无巨细的监管规则以强化管理的理念，转而以政府行政绩效形成倒逼机制，消除“长官意志”的内生风险和权力羁绊，在不断总结经验、改进管理、明确职责、强化控制、节约开支的过程中实现绩效持续提升。二是预算绩效立法赋予了公民评议政府、了解政府权力运作细节，以维护和实现自身利益、表达意志的法律途径。三是以预算绩效立法为起点，将政府行政活动置于适当的法律环境中展开，能够引导包括政府部门本身在内的经济、社会组织协调利益，提高全社会的自我管理和自我约束能力，促进绩效管理在中国各社会主体领域的全面、高效推进，引领改革进程和科学发展。

第二，推进政府依法履职，提升绩效，核心是形成责权利的制衡关系，推动形成行政、评估、决策相分离的治理机制，财权合理化是事权合理化的前提。完善权力清单制度，实现权力分事、分岗、分级的合理配置，抓住绩效目标管理、考核评价、反馈应用等重点环节，强化标准流程控制，对财政公共资金、公共资源、国有资产等重点领域实行绩效评估的全覆盖，强化评价结果对于资源配置和预算的约束，在通过绩效监督政府的同时，也要鼓励监督对象发挥自身优势，赋予其必要的自主权和决策权。

第三，推进政府依法履职，提升绩效，本质是结合中国实际运用预算绩效理念配置公共资源。预算绩效管理在中国尚处于探索阶段，合理权衡和处理增量与速度、共性与个性、业务数量与办事效率、综合性与简便性等现实矛盾需要结合实践，打造预算绩效管理的“中国模式”，既保证结果导向，又要防止“唯绩效论”的形式主义和一刀切。

第四，完善财政预算绩效管理体系也要有“顶层设计”意识，进行系统性的目标设定，以避免政策的“碎片化”。基于“顶层设计”考虑，改善预算偏差的措施要与财税领域改革相对接，服务于经济社会发展全局。为此，应将降低预算收支偏差、提高预算管控效率作为构建预算执行控制系统的直接目标，将实现预算的结构性和周期性平衡，实现财政能力与支出需求的匹配作为中介目标，将促进经济社会全面协调可持续发展作为最终目标，综合施策，共同促进预算质量提升和实效发挥。

5.2 改革预算绩效管理的政策建议

1. 加速财政支出绩效立法进程，创新人大监督模式[①]。目前，中国财政支出绩效管理的系统性、规范化和长效化不足，特别是缺乏国家顶层设计，法制化水平较低，尚未形成权威的上位基本法及范式体系，造成实践中问责停留于执行环节，缺乏必要的决策、信息公开和监督机制，未来可以国务院暂行条例的形式对各级财政部门绩效评估管理加以规范，条件成熟时可通过人大进行立法。在监督层面，建议整合财政部门、预算专家、审计监察等监督力量，必要时采取质询、罢免、撤职等刚性手段，积极促进财政支出决策模式向理性和民主转变。

2. 推动政府决策方式转变，优化预算编制方式。要实现中国经济和社会发展目标，构建财政资源配置和战略目标的联系非常关键，未来应摒弃传统的基数加增长的预算编制模式，始终坚持“目标求效益，方法看结果”的绩效理念，规范预算管理程序，从预算编制的全局出发，在分清责任的基础上，合理简政放权，以财政支出的绩效标尺，打破部门权力利益，助推公共部门形成合力。同时，结合国家中期财政规划编制，将中长期部门战略规划逐渐编入到国家层级的中期支出框架的绩效预算结构中去，实现政府、部门、项目

---

① 人大对预算绩效立法和监督是一个需要系统深入研究的问题，鉴于研究视角、资料有限等原因，本报告并未展开分析阐释。

资金的跨期统筹，并通过结果导向的评估管理实践不断强化预算的约束力。

3. 以预算绩效管理为突破，推进政府依法履职，提升绩效，关键是强化监督，形成有据有效的问责追责机制。按照党的十八届三中全会关于财税改革及国务院《关于深化预算管理制度改革的决定》的相关要求，明确预算执行与控制的目标定位、基本原则与作用对象，整合预算控制与监督资源，设计执行与控制体系及平衡机制，制定预算周期确定、预算调整、过程控制、考核激励方面的具体措施。正如习近平主席指出的："落实主体责任，理清责任链条，拧紧责任螺丝，提高履责效能。"绩效问责与追责应与当前的政府行政奖惩体系统筹起来，做到相互衔接、协同作用，推动绩效管理深入人心，充分挖掘个体、组织和制度潜力。

附录一：预算绩效管理案例

案例1：美国财政部政府绩效设置与报告

如表1所示，美国财政部在《2014—2017财年战略》中从经济、财政、安全、管理四个维度明确了五大任务，并围绕各项任务提出具体绩效目标和措施，例如：持续改进财政系统，促进国家经济稳定增长的战略任务下设置的第一项绩效目标是促进储蓄、增加信贷和保障性住房选择，该项目标的具体施政措施包括：建立符合借款人多样化需求的住房金融体系，发展可持续教育财政体系，保障学生能够获得必要的高等教育助学贷款；开发新项目进一步鼓励国民养老金计划，增加养老储蓄；补充联邦政府投资基金以满足小企业需要，提供更多的就业机会。评估该项绩效目标的方法和指标包括：保障性住房数量、相关基金提供的贷款数量等等。

2016—2017年财政部的优先绩效目标包括两项内容：一是推出自助服务和电子服务的纳税方式，实现在线查看账户状态、补缴税款、获取涉税信息等；二是提升财政透明度，运用数据进行经济决策，保障联邦政府的行政效率和效果，2017年5月，财政部将向公众披露联邦政府标准化的真实可靠的财政支出数据。

在各年度绩效报告中，财政部需对各项目标在当年的进展、未来面临的挑战、应对策略等分项做出阐释。

表1　　美国财政部2014—2017财年战略目标框架

	战略任务	具体绩效目标
经济	1. 持续改进财政系统，促进国家经济稳定增长。	1.1　促进储蓄、增加信贷和保障性住房选择。
		1.2　制定紧急情况下的金融危机应对方案。
		1.3　全面落实金融监管改革措施，持续监测资本市场，消除威胁稳定的因素。
		1.4　通过向公众提供信用安全的美元、产品和服务促进商贸。
	2. 提升美国的竞争力、创造就业、促进国际金融稳定和世界经济的平衡增长。	2.1　促进自由贸易、开放市场和外国投资。
		2.2　维护全球经济和金融稳定，促进市场决定的汇率制度。
		2.3　利用多边机制推进美国经济、金融和国家安全目标。
		2.4　为发展中国家改进公共财政管理和系统提供技术支持。
财政	3. 改革联邦财政管理、会计和税收制度，促进其公平和效率，实现现代化。	3.1　改进联邦财务管理和政府会计的有效性和透明度。
		3.2　改进联邦政府基金的收入支出，减少政府的不合理支出。
		3.3　促进税收改革，推进落实患者保护和平价医疗法案，外国账户纳税法案，以及改进税法执行。
安全	4. 保障国家财政安全，利用财政工具抵御国家安全威胁。	4.1　分析识别财政系统内外的主要威胁。
		4.2　制定、实施和强化批准等财政政策工具。
		4.3　提高财政重点领域的网络安全性。
		4.4　通过推动实施反洗钱及打击恐怖主义财政支持的相关标准保障国家金融系统安全。

续表

	战略任务	具体绩效目标
管理	5. 通过提升行政效率、保障效果。加强与民众的互动等创建21世纪新政。	5.1 通过在财政部的组织文化和行政实践中逐步融入追求卓越，包容创新的因素，提升行政人员的参与，绩效和创新程度。
		5.2 通过智能收集、分析、共享、使用和传播信息，支持有效的、数据驱动的决策，提升财政信息的透明度。
		5.3 通过共享服务、战略采购、简化业务流程和问责机制促进有效利用资源。
		5.4 创造不懈追求提升客户价值的服务文化。

资料来源：2014 Citizens' Report. U. S. Department of the Treasury.

按照2010年绩效成果修订法案的要求，财政部还公布了2014年预算的项目目录，明确了各部门预算总金额，项目金额以及各项目如何支持战略目标等内容。以金融研究基金为例：2012年实际发生金额为5000万美元，2013年预期为9400万美元，2014年预算为10800万美元，预算资金主要用于：

（1）金融稳定监督委员会。金融稳定监督委员会（委员会）具有明确的法定任务：促进金融监管机构之间的协调、识别风险，应对新出现的威胁金融稳定的风险。委员会由以下成员构成，十名具有投票权的委员、委员会秘书（财政部担任）、八名联邦金融监管机构的负责人，八位独立的保险专家和五名非投票成员。

支持的战略目标：修复和改革金融体系，支持住房市场的复苏。

（2）美国联邦存款保险公司支付。按照法案第20节（n）的要求，由本委员会行使美国联邦存款保险公司向非银行金融机构的某些清算支出的监管。

支持的战略目标：修正和改革金融体系，支持住房市场复苏。

（3）金融研究办公室。为了更好地服务理事会，其成员机构和公众通过提高财务数据信息的质量、透明度及可访问性；组织和资助金融稳定相关研究；并推广风险管理的最佳实践。

支持的战略目标：修正和改革金融体系，支持住房市场复苏。

案例2：加拿大政府的预算绩效信息披露与改革案例

该案例描述了加拿大绩效信息与改革之间的关系，其绩效信息主要来源于三个渠道：结果导向的信息系统、项目评估、中央推动的评价工作。该案例证明：加拿大政府预算绩效改革集中于两个层面：一是在政府雇员和中层管理者层面的创新；二是项目群、部门和政府整体层面的创新。对于较小的改革项目绩效信息并未发挥主要作用，但是二项较大规模的改革案例证明绩效信息在促进改革方面发挥了重要作用。

一、加拿大政府绩效信息

对加拿大联邦政府进行系统绩效观点的观点最早出自

Glassco 委员会[①]的二项建议（1962）：一是改进传统的线性预算，以项目为对象，构建规划—程序—预算的体系（PPBS）；二是中央对部门进行更多的授权，之后的改革都强调了绩效对资源配置的导向作用，主要措施包括：

引入运营绩效评估系统和 1974 年的推进实施目标管理（加拿大财政委员会，1974）。

强化项目评价是成立于 1978 年的总审计长办公室的主要职责之一（加拿大财政委员会，1978）。

1994 年的项目评价改革通过对所有政府部门和机构削减开支实现改进政府绩效和削减赤字的目标。

在此期间，政府整体绩效改革和部门内部的绩效改革基本没有相互联系。2000 年，财政委员会公告发布了试图重新构建两者联系的承诺，该文件提出四项具体承诺中的两项与绩效相关。一是结果管理承诺，即在所有主要的政府职责、活动、服务、项目中应用结果导向管理，并且提供及时准确的绩效信息；二是对政府支出进行回应的承诺，即需要支出和结果的跨部门整合信息以说明项目优先顺序和投资决策的合理性。

尽管在实现绩效管理改革的目标方面似乎进展缓慢，但 Glassco 委员会的建议为之后绩效改革的深入推进奠定了基础。

（一）绩效信息来源

绩效信息来源是指将绩效信息作为管理或责任界定工具

① 资料来源：Innovations in Public Expenditure Management，Country Cases from the Commonwealth ENGJICENGMIAN 20 Glassco 委员会于 1960 年 9 月成立，其主要职责是为促进公共服务完善，提升效率和经济性提供建议。

的方案或系统，其与其他信息的区别不仅在于可获得性和对绩效的诠释，还在于有助于实现其他目标或源于政府外部，例如：媒体的调查和民意测试以及由政府机构出于其他目的而披露的相关信息数据。做这些区分的目的不在于考虑来源于政府外部信息质量的权重，而是用系统的观点挖掘两种信息背后反映的一致的绩效信息。

加拿大联邦政府的系统的绩效信息可分为三类：结果导向的系统信息、评价信息和检查信息。这些信息按照政府信息使用者的组织层级进行划分；结果导向的信息系统产生较为详细的绩效信息，其主要使用者是部门内的管理人员。另外，检查结果信息主要供中央决策层使用，本案例研究的目的是总结分析加拿大在构建结构导向系统方面的经验。

（二）加拿大联邦政府结果导向框架构建

加拿大现行的结果导向框架重点是管理层资源和结果导向架构（Management Resources and Results Structure，MRRS），包括以下三个要素。

一是对战略结果的清晰定义和评价，即：反映组织要求和视野，并且与政府优先目标和预期结果相关，在受战略影响的部门或组织之间构建横向联系。

二是项目活动的管理体系架构，即用以清晰地反映政府部门在该架构下如何分配和管理资源以实现预期目标。

三是对政府现行治理架构的描述，即阐释政府部门的决策、责任和问责机制。

项目活动架构是管理层资源和结果导向架构（MRRS）的核心，是绩效信息产生的基础，用以追溯从部门整体到个人资源分配活动的信息。项目活动架构如图1所示。

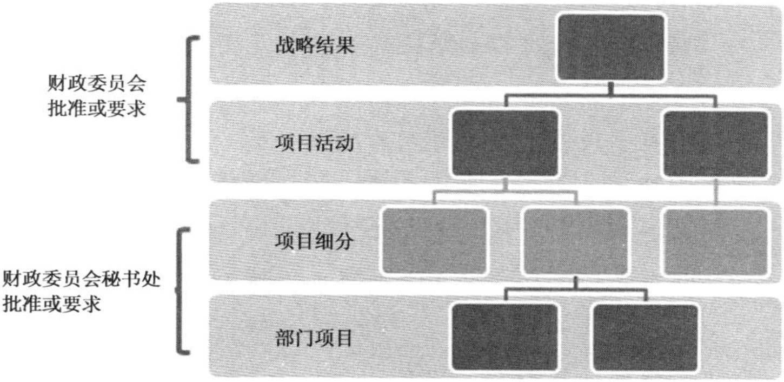

图 1

该模型将顶层的项目通过各层级一系列资源分配分解为若干项活动，各层级的活动按照资源的分配路径进行定义。该结构下，各活动单元直接与资源分配的信息相关，每项活动的主要信息综合反映了实际和预期结果，当然，主要信息也包括：职员等级、国会对支出的授权（投票和支出分类）、区域划分等。

项目活动架构的主要价值在于它提供了一个适用于所有部门将项目活动、资源分配以及预期结果相联系的逻辑架构。除了在成员个体活动的投入产出关系，部门承担的项目内部各层级的投入产出关系也可以通过部门内部的项目活动架构进行分析，在项目活动架构中，较低层级的结果可以向产出侧重，较高层级的结果则应该是产出导向。

项目活动架构除了作为财政委员会秘书处的公共支出管理工具之外，还通过绩效评价向议会报告和述责。评价是政府向国会单独提交的有关履责和支出情况的支持性文件，主要文件包括：计划和优先目标报告以及每个部门独立编制的绩效报告，前者主要设定未来三年的支出计划，对预期绩效作出责任承诺，各部门需以绩效报告为基础进行支出结算。

同样的架构可以由单一的部门拓展至政府整体，各部门须制定本部门整体战略目标，以与目标的相关性为标准筛选汇总项目。现在，所有部门的战略目标必须与政府整体的四个支出领域、十三项产出结果相关。该结构可以用图2以及提交国会的加拿大政府绩效报告进行概括，该报告汇总了大约200个部门的战略和400个项目活动的产出结果。

由于建立项目和战略目标之间的联系是困难的，使得逻辑上合理的项目活动架构在应用中打了折扣，尽管如此，部门和政府整体的项目活动架构都提供了丰富的信息。

二、实施的主要经验

期望：肤浅的理解项目活动架构的概念和内涵常会产生不切实际的期望，尤其是实施条件还未成熟时就盲目实践的情况下。此外，不同的实施主体（各部门官员、中央机构、议会各委员会、国会）在开始实施时需要结合不同绩效信息的类型和特点，界定适用范围是关键。

能力：最突出的能力要求是信息技术，没有信息技术项目活动架构便无从谈起，如果技术水平滞后项目活动架构的运行将会受到影响。

数据的完整性：这取决于多方面因素。

1. 加拿大信息获取的相关法律规定：除特殊情况外，所有信息是公开可获取的。由项目活动架构产生的信息是否纳入向部长的咨询建议中是检验其是否可获得的最佳方法，并且，项目活动架构的具体目标之一便是向议会提供的结果性信息奠定基础。虽然这些因素不会损害信息数据，但是可能会对绩效目标设定、搜集数据的类型和报告产生不利影响。

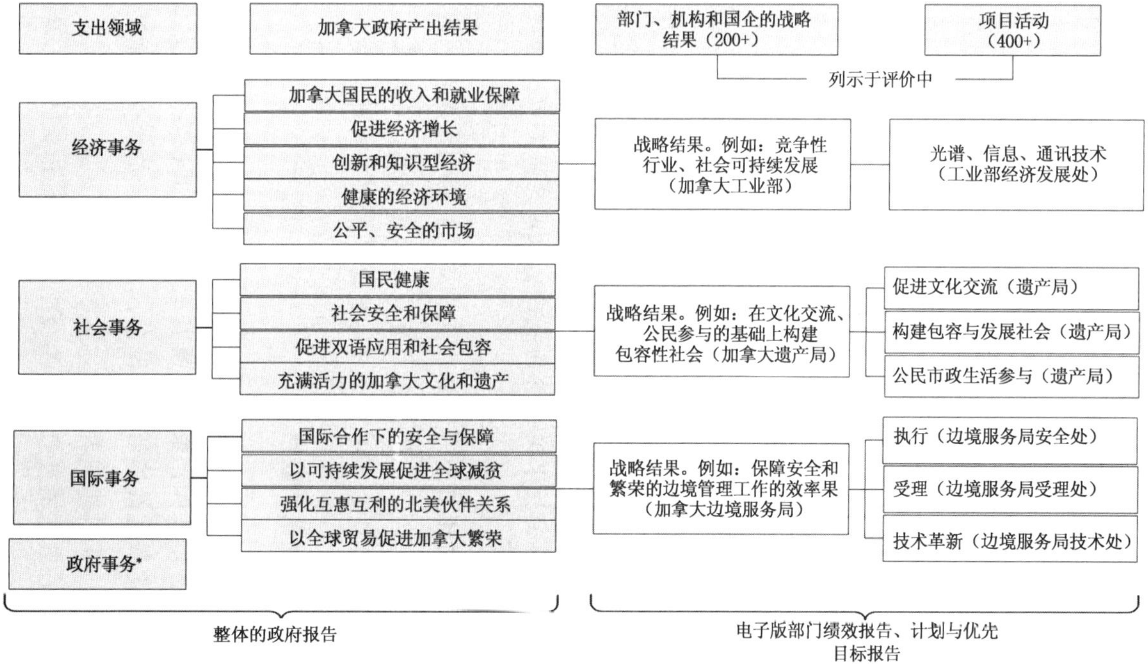

* 指通过政府协议支持各部门和机构的组织，例如：加拿大财政委员会秘书处、公共服务委员会等。

图2 加拿大政府结果报告框架

2. 部门抵制情况。与上述因素类似，抵制会成为部门和中央机构间的障碍。即便有公开的义务，各部门也不情愿严格地按规定公开那些中央机构关注的没有实现的绩效目标。并且部门地址也会损害绩效信息的质量。

3. 由项目活动架构产生的信息的相关性以及各部门管理者对其的运用情况。若项目活动架构不是管理者出于自身管理的需要加以运用，其可能单纯为满足中央机构的需要而搜集获取信息，这些信息往往与真实绩效信息存在很大差距。

4. 绩效信息应更多地反映影响而不是结果。正如人们在理论和实践中认识到的：对于绩效的考察越关注其行为的影响，绩效目标就越难量化。并且绩效信息需要按周、月和年度进行统计，尤其是在确定责任主体时，不能简单地将绩效结果归因于某个组织或政府整体。因此，项目活动架构必须利用项目评价技术做适当的改进，以满足一年以上绩效目标评价的需要。

满足不同使用者的需要。项目活动架构的特点之一是其通过必要的加工产生的信息具有广泛的适用性，能满足从部门管理者到议会委员会和预算决策者等不同人群的需要。

三、与改革的联系

管理资源与结果结构（MRRS）和其核心项目活动架构都从政府整体层面，聚焦于项目管理、支出和决策的责任。绩效信息是推进改革的重要因素，从这一角度，管理资源与结果结构的作用非常关键。

改革的观点不可能“毕其功于一役”，更多时候，绩效信息可为绩效改进提供动力。在某些情况下，需要改进之处可能非常明显，而更加精确的绩效信息有助于集聚改革的目标重点，为从认知到行动提供支持。这一阶段，标杆信息可能有用，类似有用信息还包括，其他拥有管辖权的机构的评价实践等。

四、加拿大联邦政府的改革与绩效信息

一般而言，联邦政府的改革举措可分为二大类：一是影响政府整体、部门整体或部门内部的大型创新项目和计划；二是由基层职员、中层或高层管理者发起的，相对较小的项目，根据 Borin（2006）的研究，一线职员和中层管理者公共管理革新的主要推动者。

对于较小项目改革研究，普遍缺乏相关信息，目前唯一可用的是联邦政府的公共部门奖，其提供了近两年优秀的小型项目列表（加拿大公共服务局，2007），2005 年列入改革目录的此类项目有 14 项，2006 年有 17 项。合计 31 个项目中的 8 项是个人发起，其余的是项目小组发起。所有项目中，有 17 项涉及对现有信息系统的改进，11 项是对项目程序的改进，2 项是对电子表格的改进（均由个人完成），还有 1 项是针对监狱中户外点烟器的改进设计。

在这些项目中，绩效信息所起的作用我们没有办法从项目目录中获得，但从部分项目的描述中我们还是可以获取用以推测改进的需要或机会的绩效信息对于项目的作用。以下是三个相关的项目案例。

（一）一站式服务

“一站式服务”是由支出审查委员会在 2005 年预算中要求实施（加拿大财政部，2005b），这一概念由“加拿大

服务局”这一新成立的部门，该部门由人力资源部和社会发展部的相关职能剥离后重新组合而来。该部门的职责是：与联邦各部门、各级政府和团体配合，充分利用电话、互联网、面对面技术改变政府服务方式，该部门当前的工作目标包括：

通过整合一站式服务，实现以公民为中心的，各项服务的无缝对接；协助政府打造整体服务网络，为加拿大公民提供信息共享、服务整合和战略投资。

在取得一些成绩后，“一站式服务”的概念的以推进，加拿大服务局的计划和优先目标报告，清晰设定了未来三年的转型目标（加拿大人力资源发展，2007：76）。

改革的主要特点包括：

尽管“一站式服务”这一概念不是由支出审查委员会最先提出的，但已酝酿数年，其是委员会一直以来希望改进联邦项目管理、降低成本的突破口（加拿大财政部，2005a：3）。

具有讽刺意味的是，这一改革以削减开支为核心，却缺乏足够的经费支持。直到其作为规模宏大、极具挑战性的项目受到各方重视之后，经费问题才引发关注。

加拿大的“一站式服务”不是一般意义上的服务集中，相关研究表明在其他领域也有类似概念，“服务加拿大”这一概念的特点在于考虑了在加拿大实施的背景和环境，这一特点也得到20多个调研团的认可。

在“服务加拿大”改革战略制定和实施过程中，绩效信息都发挥了关键作用。在初期，国际对标、研究调查的相关数据非常有用，结果导向的绩效信息已经作为公众耳熟能详的概念加以实施，这些信息对于构建商务案例库、化解合作部门对项目的不理解甚至潜在抵制发挥了重要作用，除了向议会提交二份标准的年度评价报告（计划和优先目标报告、部门年度绩效报告）之外，加拿大服务局还编制了年度报告，并按季度更新绩效计分卡。

（二）访问在线政府（略）

（三）谨慎性预算规划

谨慎性预算规划是20世纪90年代由加拿大财政部提出的财政管理理念。自克雷蒂安政府1994年执政以来，其将削减赤字和负债作为优先目标，由财政部长公开宣布每年设定的赤字目标，在多种场合，部长均表示将不遗余力的实现该目标，墨西哥比索危机导致穆迪下调了加拿大信用评级，这一事件更加促使加拿大要实现上述目标。谨慎预算规划为年度预算赤字目标的实现和财政部信用管理奠定基础。

谨慎性预算规划本身并无特别之处，其特点体现于加拿大联邦政府对这一概念的应用和发展方式上。基本要点如下：

（1）以二年为一周期的滚动规划框架，并设定公开披露的预算目标。

（2）利用私营部门对经济预测的平均值作为制定财政政策框架的出发点。

（3）在财政框架中引入谨慎性风险因素，适度降低预算平衡的预期。如考虑增加赤字，降低对资金剩余的预测等。

（4）设定预算平衡计划的目标水平，以确定预算平衡中的弹性。如在预测的预算平衡点与预算目标差距间的平衡。

这项改革的特点主要包括：

（1）改革的初衷是确定政府主要目标，维护财政部信用，并基于加拿大总理克雷蒂安“不遗余力”的承诺。

（2）主要目的是应对无法实现赤字目标的相关风险。如开展政府绩效管理。

（3）它不涉及显著的直接成本，因此不需要前期投资落实。

（4）唯一直接相关的绩效工具就是年度赤字，源于加拿大公共会计的独立性。

这一改革明显超预期实现了当初设定的目标某种程度上达到了不可思议的效果。政府内外的批评者们对这一方法的可靠性持怀疑态度，尽管政府实际上对这些批评意见未予采信，但其是否会从结果中总结经验教训，并深化改革仍然是值得思考的问题。

结论与展望：

本案例的结论之一是已被其他研究人员发现并证实：政府改革需要深化研究，要使绩效信息和改革的各个阶段相关则更需如此。基于这一背景，可以得到以下一些结论：

尽管在加拿大，绩效相关信息并不匮乏，但由于以结果导向信息为主的管理资源和架构改革尚未成熟，所以仍需关注信息质量和改革进展。

即使绩效管理信息系统产生了高质量信息，改革项目仍需要结合自身需要获取信息。在项目正式实施阶段也是如此。

尽管基于非正式的观察分析，有理由认为正式的绩效信息可以支持和促进改革，但在由职员或中层管理人员发起的小型项目中，目前尚不清楚正式的绩效信息能在多大程度上发挥作用。

绩效信息可能是促进改革成功的重要因素。但有效运用存在很多障碍和误区。包括：过度关注服务改进的趋向，公共服务环境中改革所带来的内在风险；现有利益集团对于改革的抵制；问责和对公共服务倾向的抱怨；需要足够的资金以最大可能保证改革的成功。

案例 3：安大略市的对标改革

背景

该案例展示了复杂环境下的绩效管理系统以及如何运用以开展更有效的财政管理。该案例也表明，各部门共同管理绩效对标的效果要好于单一部门的内部管理。因此，可使用该案例探讨相关理论，也可研究实践中绩效评价各阶段的经验教训。目前，这项改革在推进，在相关网站上（www. ombi. ca）可获取更为丰富的材料。

起源和目标

安大略市的对标改革（OMBI）始于 2000 年，由安大略市政管理局、本市及其他 15 个市的城市住房区域管理办公室合作开展，主要项目成员城市包括：萨德伯里（Sudbury）、桑得贝（Thunder Bay）、多伦多（Toronto）等。这些实施对标改革的城市人口合计达到安大略全省人口的72%，共同实施、共享信息、共同构建财政成本支出模型以比较市政及服务成本。

改革的目标在以下两个方面：一是制定市政服务的具体绩效标准，搜集绩效信息，分析和制定标杆（例如：构建可比性绩效标准）；二是开发用于整合财务和绩效信息的管理工具，如：作业成本账户和资产管理系统等。对于改革使命的陈述如下：

“市政首席管理官的对标改革致力于各方共同努力提升市政府的服务水平。共同参与市政绩效信息搜集共享、运营的最佳实践以及以企业家精神进行改革和创新，使市政服务取得的更大成功。”

正如某成员城市的市长所言：对标改革（OMBI）是集体智慧的结晶。该案例分析了对标改革的主要过程，以及绩效的作用。探索了绩效改革如何在差异巨大的不同城市之间构建绩效信息共享平台。当然，在对于绩效数据的理解，构建数据直接可比的基础等方面仍存在困难，因此本案例也将分析信息透明度在项目中的作用。

对标的定义以及其在本案例中的作用

对标是在绩效管理中普遍使用的方法。其提供了一种用于比较和判断组织绩效的方法，标杆值可以选取其他类似组织的真实值数据，也可由专家进行论证后设定。在本案例中，标杆值选用了实践中的真实值，个别案例的标准不可能适用于所有情况，实践中更多地采用平均值作为比较的依据。

本案例中，安大略市制订了两种形式的对标：通过下述的数据搜集和识别过程，并有每个成员城市对服务绩效进行评价，例如：每10万人口的社会救助数量这一指标便于各城市之间进行比较。如果不采用标杆数据，城市之间的数据只能简单地进行数值比较和归类，脱离了现实环境。该项目对如何识别实践中被所有城市采用的用以评估绩效改进指标的相关方法进行了探索，这也是对标改革实践中的标杆。

项目设计

各参与城市的首席管理官办公室对本项目给予了大力支持。他们意识到了通过一套更好理解的方法体系构建绩效管理知识系统的价值，主要包括：

其相关的服务水平；提供单位服务的成本；每项服务的最佳实践或合理的绩效标准。

绩效要有利于决策者和普通市民。要实现这个目标，需要界定可比服务的范围，制定评价标准，通过专家论证并在成员城市试运行。相关专家能够站在社会服务、水资源管理、废物处理、治安等各自专业角度对绩效进行定义和成本比较。

各市的首席管理官也比较关注加拿大宪法下如何开发省级绩效管理系统这种搜集特定成本和绩效的工具。对标改革实质上是为首席管理官控制管理过程、搜集相关信息的一种基础工具。他们意识到市议会对此比较关注，并且改革可以使议会受益。省级绩效管理系统与对标改革齐头并进，但目标范围不同：前者在省级层面，后者落脚于市级管理。省政府没有反对安大略市的绩效改革，并给予了一些财政支持。进一步省政府将安大略市的绩效改革中的资产评价指导意见作为范本项供其他省份推广借鉴。

尽管绩效管理项目满足了省政府的特定需要，但在市级层面却很少被用作制定规划。因为各市之间情况千差万别，不存在可比的基础。

项目概览

该项目的目标是：

确认和制定恰当具体的绩效措施。

持续搜集参与城市的绩效数据。

提供可比的财务成本信息。

分析对标结果以识别高质量、高效率服务的最佳实践。

该项目的目标是提供有用的管理工具，整合财务和绩效数据，协助成员城市对服务质量的持续改进作出决策。

该项目的工作计划如下：

评估

以下机构致力于城市绩效对标评估：国家研究委员会，国家质量机构，城市绩效评估项目（MPMP），国际城镇协会绩效管理中心，世界其他地区已经有一些交叉管辖的可比性机构，参与该项目的城市也做了一些比较尝试。

标准和体系

强化效果，相关领域专家须：建立标准的会计政策和作业成本法会计。

确认共同开发信息技术系统，搜集城市的具体服务评价的数据，并建立中央数据库。

战略制定

前述数据搜集和分析的目的在于为以下工作奠定基础。

进一步构建包含服务和基础设施的作业成本模型。

对标方法，数据及模板与其他城市政府共享信息。

在省级层面就城市绩效评估的信息保持沟通。

面向市长、委员和公众就各服务部门的最佳实践进行总结和培训。

维护数据、管理项目和网站。

资金支持和项目定位

尽管在项目初期省政府有一些资金支持，这些资金仅能作为前期资金，没有后续的支持，各城市只能自行解决资金和人员问题，2000 年的成本约为 20 万美元/年，到 2006 年升至 28 万美元/年，这使得项目办公室能够聘用全职的项目经理，他们花费大量的时间寻找专家和顾问，制定调查方案。这些计划围绕着获取有效任用公务人员及资源耗费的相关成本数字，该项工作非常困难，各市之间有些一样名称的数字指标时间上却不具有可比性。对于那些有之前有明文规定的指标，评价相对容易，反之则比较困难。此外，并不是所有的服务都可以采用单位成本这一指标进行评价，并且该指标一旦被决策者认可，很容易导致服务供应方之间竞相压价，忽视服务本身的质量，为避免出现此类情况，可以在评价时将单位成本与其他指标综合运用，或者对成本变化的原因予以详细阐释，例如：人口较为分散的城市会影响交通服务的成本。

运用评价时往往把标杆当成最佳的实践，例如将作业成本法作为评价工具，但实际上各市之间采用的会计处理方式不同，使得结果数据之间并不具备可比性。因此，如何推进会计标准的一致也成为该项目面临的挑战，因此确立标杆的最佳实践还需关注治理的基础环境。

为此，为标准化数据，在搜集和处理阶段的良好方法具有以下的特点：

专家组驱动，即在特定领域的评价中发挥专家的作用，例如：针对垃圾管理服务可建立比较数据库。核心服务中采用的对标书据应该被各方一致认可。协议采用作业成本法。在绩效指标数据上达成一致意见。由顾问对数据进行清洗和筛选使其规范化。对每项服务的最佳实践达成一致意见。

安大略成立了公共服务改革促进委员会，向各市负责人报告，各市共同出资，任命项目经理，开展业务活动，其工作重点是强调过程、合理的假设及分析方法，该项目运用了诸多科学的方法，对评价标准的确定细分了操作步骤，以保证得出的标杆的可信度，具体包括以下步骤：

一、安大略对标改革步骤

地方公共服务涉及城市治安、水资源管理、废物处理等，为构建适当的数据比较分析平台，主要循环采取以下步骤：第一，筛选可用于对标管理的项目；第二，制定服务标准；第三，搜集和分析数据；第四，确定最佳实践区域；第五，评估最佳实践；第六，制定竞争战略；第七，评估对标过程。

这一过程建立在绩效管理的概念之上，“绩效”领域包括：成本、影响、顾客评价和服务效率。

二、制订数据共享协议

在不同行政区划间确定绩效数据和标杆值的工作非常具有挑战性，最初始是自愿性质的，项目运营所需的资源来自于参与的城市，参与各方会对信息的使用持不同意见，绩效结果也会给参与者带来困扰，媒体对这些信息的利用，也会使参与者尽量避免绩效信息被公开，并且这些信息可能会给政客们带来不利的影响。

为避免以上情况，参与各方达成信息管理的协议，包括：互惠互益、平等获取、绩效信息应当被清晰地确认和公开传播，在公共报告中进行定义，公开的报告应当经过专家的认可，此外，还对报告的内容、数据来源、共享方式、知道规则、专家之间的信息共享等进行了细致的约定。

服务削减

治理的第二项核心工作是建立财政咨询委员会，以确保成本的一致性并以其规定的方式开展评价工作。成本测算是绩效评价的基础，该委员会需要制定一致的规则，委员会发布了《有形资产会计计量规则》（OMBI，2007b），委员会还尝试运用全成本观点对公共服务的间接成本进行了评价。

2001—2003 年，安大略市服务改革主要致力于一些基础性工作，重点是研究公共服务的间接成本，2004 年，制订了 15 个城市的 33 项服务的成本和计量的标准化定义。2005 年、2006 年绩效对标报告被公开披露，信息的透明度进一步提高，所有的参与者都对公众反映持乐观态度，2007 年报告涵盖的服务达到 55 项。由于该项目的运作资金来源于参与者的自愿捐赠，该项目的可持续性难以得到保障，但总体看，该项目对于创新绩效评价方法和信息公开机制有着积极的借鉴意义。

附录二：美国1993年政府绩效和成果法（GPRA）

公法103—62

注册议案S.20全文

美国第103届国会第一次会议，1993年1月5日（星期二）在华盛顿开幕。

本法案是为联邦政府制定战略计划、推行绩效评价以及其他一些目的而制定，在国会召开时由美国参众两院共同制定。

一、关于标题

本法案可命名为《1993年政府绩效和成果法》。

二、问题和目的

（a）国会发现的一些问题：

（1）联邦项目中的浪费和无效使美国公众对政府失去了信心，并削弱了联邦政府满足重要公共需要的能力；

（2）由于项目目标论证不充分和项目成果信息不完全，使联邦管理者在提高项目效率和效果方面的努力收效甚微；

（3）对项目绩效和成果缺乏足够的关注，严重制约了国会的政策制定、支出决定和项目监督。

（b）本法案的目的是：

（1）通过让联邦政府机构对完成项目成果承担完全责

任，以提高美国公众对政府能力的信心；

(2) 通过制定项目目标、对照目标衡量项目绩效、公开项目进度等一系列尝试，启动项目绩效改革；

(3) 把改进成果、提高服务质量和顾客满意度作为新的关注焦点，提高联邦项目的有效性和公共责任感；

(4) 通过要求他们为实现目标而对项目进行计划，并为其提供有关项目成果和服务质量的信息，以帮助联邦管理者改善服务供给；

(5) 通过提供更多有关实现法定目标、联邦项目支出相对效果和效率的客观信息，推进国会进行决策；

(6) 改进联邦政府的内部管理。

三、战略计划

美国法典第5篇第3章，通过在第305条的基础上增加以下新条款进行了修订：

第306条　战略计划

(a) 1997年9月30日以前，每一位机构的负责人应当向管理和预算局局长和国会递交项目活动的战略计划书。该计划应包括：

(1) 包括对机构主要职能和工作任务的综合描述；

(2) 总体目标和目的，包括有关机构主要职能和工作的成果目标和目的；

(3) 描述目标和目的实现的方式，包括运作过程、技能、技术和人力、资本、信息以及实现目标和目的所需的其他资源的描述；

(4) 如何使第31篇第1115 (a) 条所要求的计划的绩效目标，与战略计划的总目标相联系；

(5) 对机构无法控制、但对总体目标的实现有着重大影响的外部关键因素进行确认;

(6) 用于建立或修订总体目标的项目评估,和一项未来项目评估的日程表;

(b) 战略计划应包括不少于五年的时间,从计划递交的所属财政年度下一个年度算起,并至少每三年更新和修订一次;

(c) 根据第31篇第1115条制定的绩效计划应当与机构的战略计划保持一致。没有包括在根据本节条款制定的当前战略计划中的财政年度绩效计划可以不递交。

(d) 制定战略计划时,机构应向国会咨询,而且应当征求并考虑那些受此项计划影响或对计划感兴趣的人的观点和建议。

(e) 本条款的职能和活动应是政府固有的职能,依据本条款,战略计划只能由联邦职员起草。

(f) 鉴于本条的目的,"机构"一词是指105条定义的行政机构,但不包括中央情报机构、总审计署、巴拿马运河管理委员会、美国邮政总局和邮资委员会。

四、年度绩效计划和报告

(a) 预算内容与向国会递交

美国法典第31篇第1105条(a)款,通过在结尾增加以下新条款进行了修订:

(29) 从1999财政年度起,依据第1115条要求,为总预算提供联邦政府绩效计划。

(b) 绩效计划与报告

美国法典第31篇第11章,在第1114条的基础上增加

了以下新条款进行了修订:

第 1115 条 绩效计划

(a) 在执行第 1115 条 (a) (29) 款过程中,管理和预算局局长应当要求每一机构编制一份年度绩效计划,包含机构预算中涉及的所有项目活动。这一计划包括:

(1) 建立执行目标以限定该项目活动应达到的绩效水平;

(2) 除授权可以 (b) 项下条款中的备选形式外,这类目标应以客观、量化和可衡量的形式来表述;

(3) 简略描述运作过程、技能、技术和人力、资本、信息以及实现执行目标所必需的其他资源;

(4) 建立用来衡量或评估每一项目活动的相关产出、服务水平和结果的业绩指标;

(5) 提供一个比较实际项目成果和预先设定的执行目标的基础;

(6) 对用于检验衡量标准的方法进行描述。

(b) 如果某一机构与管理和预算局局长协商以后,认定以客观的、量化的和可衡量的形式表述某一特定项目活动的执行目标是不可行的,管理和预算局局长可以授权以其他备选形式来表述。这些备选形式有:

(1) 包括以下项目的分别描述性说明:

(A) (i) 效果最差的项目;

(ii) 成功项目。

(B) 由管理和预算局局长授权的备选形式具有充分的精确性,而且在这些条款中包括了项目活动业绩是否达到阐述标准的准确、独立的决定因素。

(2) 说明为什么某些项目活动的执行目标用何种方式

表述都是不可行的或不切实际的。

(c) 为遵循本节条款，机构可以综合、分离，也可以合并项目活动，除了所有综合或合并不会忽视或使构成机构主要职能和运作的所有活动的重要性降至最低。

(d) 每一机构可以递交年度绩效计划的附则，附则包括该计划（符合下列条件）的任何部分：

(1) 该部分经行政命令规定的标准特别授权，这些标准基于国防和外交政策利益需要保密；

(2) 该部分依据该行政命令进行了适当的分类。

(e) 本条款的职能和活动应被认为是固有的政府职责，依据本条款战略计划只能由联邦职员起草。

(f) 鉴于本条和1116—1119条，以及9703条和9704条的目的：

(1) "机构"的含义与第5篇第306条（f）款对该词的定义相同；

(2) "结果衡量"是指对照项目活动成果与预期目标的评估；

(3) "产出衡量"是指对活动和努力的用制表、计算或记录等定量或定性方式表述；

(4) "执行目标"是指将绩效目标水平表述为有形的、可衡量的目标，使之能与实际实现的业绩进行比较，包括将目标表述为量化的标准、价值或比率；

(5) "业绩指标"是指用来衡量产出或结果的特殊价值或特性；

(6) "项目活动"指美国政府年度预算项目和拨款进度表中列举的具体活动或工程；

(7) "项目评估"是指通过客观衡量和系统分析来评价

联邦项目实现预期目标的方式和程度。

第 1116 条　项目绩效报告

（a）2000 年 3 月 31 日前，此后每年 3 月 31 日之前，每一机构的负责人应编制并向总统和国会递交上一财政年度的项目绩效报告。

（b）（1）每份项目绩效报告应阐述依据第 1115 条制定的机构绩效计划中建立的业绩指标，以及实际完成的业绩与财政年度计划中表述的执行目标的比较。

（2）如果执行目标由 1115（b）的备选形式具体设定，项目成果的表述应与此具体设定相联系，包括项目是否没有达到最低效果项目或成功项目的标准。

（c）2000 年财政年度的绩效报告应包括上一财政年度的实际成果，2001 年财政年度的绩效报告应包括前两个财政年度的实际成果，2002 年财政年度以及以后年度的绩效报告应包括前三个财政年度的实际成果。

（d）每份绩效报告应：

（1）对财政年度执行目标完成的成功方面进行总结。

（2）对照报告所涉及财政年度的执行目标所取得的业绩，评估本财政年度的绩效计划。

（3）解释并说明哪些项目的执行目标没有实现（包括某一项目活动被认定尚未达到依据第 1115 条(b)（1）（A）(ii) 成功项目的标准，或使用备选形式所能达到的相应水平）：

（A）目标为何未能实现；

（B）完成预定执行目标的计划和日程表；

（C）如果执行目标不切实际或不可行，为什么以及建议采取什么行动。

(4) 描述依据第 9703 条的所有豁免在实现执行目标方面的运用和效果评估。

(5) 报告所涉及的财政年度期间已完成的项目评估的简要结论。

(e) 机构负责人依据第 3515 条递交的年度财政说明中，应包括所有本条款要求的项目绩效信息。所有向国会提交的财政说明，应于所适用财政年度 3 月 31 日前提交。

(f) 本条款的职能和活动应被认为是固有的政府职责，依据本条款，项目绩效报告只能由联邦职员起草。

第 1117 条　豁免

管理和预算局局长可以免除任何年度财政开支不超过 20000000 美元的机构，执行本篇第 1115 条、1116 条和第 5 篇 306 条的规定。

五、管理责任和灵活性

(a) 管理责任和灵活性

美国法典第 31 篇第 97 章，在第 9702 条最后增加以下新条款进行了修订：

第 9703 条　管理责任和灵活性

(a) 从 1999 财政年度起，依据第 1115 条编制的绩效计划可以申请豁免行政程序性规定和控制，包括职员配备的具体规定、补助或薪酬的限制以及资金在预算项目分类条目 20 和再分类条目 11、12、31、32 之间转移的禁止和限制，这些分类是在根据 1105 条要求提交的年度预算中进行的，作为对完成业绩目标的个别组织或个人责任感的回报。在编制和递交第 1105 (a) (29) 要求的绩效计划时，管理和预算局局长应审查并可以批准所有豁免草案。豁免从获准所属财政年度起生效。

(b) 所有依据 (a) 款项下的申请应描述更大管理或组织灵活性、处理权限和权力对绩效产生的预期影响，而且要对所有豁免产生绩效的预期提高进行量化。预期改进的程度应与现今取得的实际业绩相比较，还应与没有任何豁免条件下实现的项目业绩相比较。

(c) 所有豁免补助或薪酬的申请，应准确地说明补助或薪酬由于会议、加班或没有完成执行目标的金额变动，如津贴或奖金。

(d) 所有豁免行政机构颁布的程序性规定或控制的申请（除了申请机构或管理和预算局），如果得到颁布规定机构的批准，可以不包括在绩效计划中，但批准文书应包含于申请机构的绩效计划中。

(e) 豁免自管理和预算局局长批准时规定的日期起一年或两年有效。在随后年度可以重新申请豁免，一项豁免在连续三年生效后，依据第 1115 条编制的绩效计划可以申请永久性豁免，但补助或薪酬限制的豁免除外。

(f) 第 1115 条 (f) 款所作的定义在本条款中仍适用。

六、试点项目

(a) 绩效计划与报告

美国法典第 31 篇第 11 章，在第 1117 条（由本法案第 4 节增加）的基础上增加以下新条款进行了修订：

第 1118 条　执行目标的试点项目

(a) 管理和预算局局长与每一机构负责人协商后，应指定不少于十个机构为 1994、1995、1996 财政年度绩效衡量的试点。被选机构应反映政府的典型职能，并有能力衡量和报告项目绩效。

（b）试点项目的指定机构应当为机构的一个或多个主要职能和工作任务，编制按1115条要求的绩效计划和按1116条（除1116（c）外）要求的项目绩效报告。当在试点期间编制涉及一个年度或多个年度机构绩效计划时，应使用战略计划。

（c）在1997年5月1日前，管理和预算局局长应向总统和国会递交一项报告，该报告应包括：

（1）评估为实现《1993政府绩效和成果法》目的而由试点机构编制的计划与报告的成本、收益和有效性；

（2）确认试点机构在编制绩效计划和报告过程中遇到的重大困难；

（3）提出任何关于《1993政府绩效和成果法案》、第5篇第306条、本篇第1105条、1115条、1116条、1117条、1119条和9703条以及本条要求的建议性改变。

（b）管理责任和灵活性

美国法典第31篇第97章，在9703条（由法案第5节所加）的基础上增加以下新条款进行了修订：

第9704条　管理责任和灵活性的试点项目

（a）管理和预算局局长应指定至少5个机构为1995、1996财政年度管理责任和灵活性的项目试点，这些机构应从依据1118条指定的那些项目试点机构中选出。这些机构要能代表政府的职能，并有能力度量并报告项目绩效。

（b）试点机构的试点项目应包括，为该机构的一项或多项主要职能和工作任务，与9703条相一致的豁免项目。

（c）依据1118条（c），管理和预算局局长向总统和国会递交的报告应包括：

(1) 对收益、成本和增强管理与组织灵活性、选择性的有效性、以及对通过豁免提高业绩的权力进行的评估;

(2) 确认试点机构在编制豁免草案过程中遇到的重大困难;

(d) 第1115条(f)所作的定义在本节条款中仍适用。

(c) 绩效预算编制

美国法典第31篇第11章,在第1118条(本法案第6节所加)后增加以下新条款进行修订:

第1119条 绩效预算编制的试点项目

(a) 管理和预算局局长在与每一机构的负责人协商后,应指定至少5个机构为1998、1999财政年度绩效预算编制的试点机构。其中至少三个机构应从依据第1118条指定的那些试点机构中选出。这些机构要能代表政府的职能,并有能力度量、报告项目绩效。

(b) 指定机构的试点项目包括绩效预算的编制。对于机构的一个或多个主要职能和工作任务来说,绩效预算应说明绩效的变动水平,包括与结果有关的绩效,这会导致不同的预算数额。

(c) 管理和预算局局长应提交指定机构本年度的绩效预算,作为依据第1105条编制的1999财政年度预算中的一种备选预算编制方式。

(d) 2001年3月31日前,管理和预算局局长应向总统和国会转交有关试点项目的绩效预算编制的报告,报告应包括:

(1) 评价按1105条要求,将绩效预算作为年度预算一部分的可行性和合理性;

(2) 试点机构在编制绩效预算过程中遇到的所有困难;

（3）对法律是否应该提出绩效预算要求，以及所有法律的一般条款提出建议；

（4）提出任何关于《1993 政府绩效和成果法案》、第 5 篇第 306 条、本篇第 1105 条、1115 条、1116 条、1117 条、1119 条和 9703 条以及本条款要求的建议性改变。

（e）收到根据（d）款项下要求的报告后，国会可以规定：绩效预算可作为依据 1105 条编制年度预算的一部分递交。

七、美国邮政总局

美国法典第 39 篇第三部分，通过结尾增加以下新条款进行了修订：

第 28 章　战略计划和绩效管理

2801　定义

2802　战略计划

2803　绩效报告`

2804　项目绩效报告

2805　固有政府职能

第 2801 条　定义

本章涉及的术语的含义：

（1）“结果衡量”是指对照项目活动成果与预期目标所作的评估；

（2）“产出衡量”是指对活动或努力以制表、计算、记录等定量或定性方式的表述；

（3）“执行目标”是指将绩效目标水平表述为有形的、可衡量的目标，使之能与实际实现业绩进行比较，包括将目标表述为量化的标准、价值或比率；

（4）“业绩指标”是指用来衡量产出或结果的特殊价值或特性；

（5）“项目活动”是指与美国邮政总局主要业务相关的具体活动；

（6）“项目评估”是指通过客观衡量和系统分析来评价美国邮政总局项目实现预期目标的方式和程度。

第 2802 条　战略计划

（a）1997 年 9 月 30 日前，美国邮政总局应向总统和国会递交项目活动战略计划。该计划应包括：

（1）包括美国邮政总局主要职能和工作的综合任务说明；

（2）总体目标和目的，包括有关美国邮政总局主要职能和运作的结果关系目标和目的；

（3）说明如何达到目标和目的，包括运作过程、技能、技术和人力、资本、信息以及实现那些目标和目的所需的其他资源的描述；

（4）如何使 2830 条所要求的战略计划的绩效目标，与战略计划的总目标相联系；

（5）对邮政总局无法控制、但对总体目标的实现有着重大影响的外部关键因素进行确认；

（6）用于建立或修订总体目标的项目评估，和一项未来项目评估的日程表。

（b）战略计划应包括不少于五年的时间，从计划递交的所属财政年度下一个年度算起，并至少每三年更新和修订一次。

（c）依据第 2803 条制定的绩效计划应与美国邮政总局的战略计划保持一致。没有包括根据本节条款制定的战略计划的财政年度绩效计划不必递交。

(d) 制定战略计划时，邮政总局应当征求并考虑那些受此计划影响或对计划感兴趣的实体的观点和建议，并向国会建议计划的内容。

第2803条　绩效计划

(a) 邮政总局应当编制包括邮政总局预算中提到的所有项目活动的年度绩效计划，该计划应包括在依据2401条(g)款提交的综合报告中。

该计划应包括：

(1) 建立执行目标以确定该项目活动应达到的绩效水平；

(2) 除非依据(b)款项下可用的备选形式表述外，这类目标应以客观、量化和可衡量的形式来表述；

(3) 简略描述运作过程、技能、技术和人力、资本、信息以及实现执行目标所必需的其他资源；

(4) 建立用来衡量或评估每一项目活动的相关产出、服务水平和结果的业绩指标；

(5) 提供一个比较实际项目成果与预定的绩效目标的基础；

(6) 对用于检验衡量标准的方法进行描述。

(b) 如果美国邮政总局认定以客观、量化和可衡量的形式表述某一特定项目活动的执行目标不可行，邮政总局可以使用下列备选形式来表述：

(1) 包括以下项目的分别描述性说明：

(A) 效果最差的项目；

(B) 成功项目，具有充分的精确性，而且在这些条款中考虑了对项目活动的业绩是否达到阐述标准的准确、独立的决定因素。

(2) 说明为什么某些项目活动的执行目标用何种方式表述都是不可行或不切实际的。

(c) 依据本条款在编制综合性和信息性强的计划过程中，邮政总局可以综合、分离或合并项目活动，除了所有综合或合并不会忽视或使构成机构主要职能和运作的所有活动的重要性降至最低。

(d) 邮政总局可以编制非公开的计划附则，内容包括与以下行为有关项目活动或项目活动的部分：

(1) 避免对犯罪起诉的干预；

(2) 豁免本条410 (c) 条款要求公开披露的其他事件。

第2804条　项目绩效报告

(a) 邮政总局应编制每一财政年度的项目绩效报告，该报告应包括在依据本条2401 (g) 款编制的年度综合报告中。

(b) (1) 每份报告应阐述邮政局在绩效计划中制定的业绩指标，并将该财政年度计划中提出的执行目标与实际完成的项目业绩项进行比较。

(2) 如果执行目标是由效果最差项目活动和成功项目活动的描述性陈述所具体设定的，那么项目成果的表述应与项目类别相联系，包括项目是否没有达到任一类项目的标准。

(c) 2000财政年度的绩效报告应包括前一财政年度的实际成果，2001财政年度的绩效报告应包括前两个财政年度的实际成果，2002财政年度以及以后年度的绩效报告应包括前三个财政年度的实际成果。

(d) 每份绩效报告应：

（1）回顾本财政年度完成执行目标的成功方面；

（2）对照所取得的业绩与报告所涉及财政年度的执行目标，评估本财政年度的绩效计划；

（3）解释并说明那些项目的执行目标没有实现（包括某一项目活动的业绩被认定尚未达到依据第 2803（b）（2）成功项目的标准）：

（A）目标为何没有实现；

（B）实现预定执行目标的计划和日程表；

（C）如果执行目标不切实际或不可行，为什么，建议采取什么行动。

（4）报告期财政年度已进行了项目评估的简要结论。

第 2805 条　固有的政府职能

本章条款规定的职能和活动应被认为是固有的政府职能。依据本条款，战略计划、绩效计划和项目绩效报告只能由邮政总局的职员起草。

八、国会监督和立法

（a）一般来说

本法案的任何条款都不应被诠释为限制国会制定、修订、暂停或废除执行目标的能力。所有此类安排将具有取代依据美国法典第 31 篇 1105（a）（29）提交的计划中执行目标的效力。

（b）审计署报告

1997 年 6 月 1 日前，美国审计总长应向国会报告法案执行情况，包括对（参与美国法典第 31 篇第 1118 条和 9704 条所指定的试点项目以外的）其他联邦机构遵守该法案的前景预测。

九、培训

人事管理局应与管理和预算局局长以及美国审计总长协商，开展战略计划和绩效衡量培训作为其管理培训项目的组成部分，另外应为管理者熟悉战略计划和项目绩效衡量的制定和使用提供机会。

十、法案应用

本法案的任何条款和所作的修订不应被诠释为

(1) 为不具有美国官员或职员身份的人员创造任何权利、特权、利益。不具有美国官员或职员身份的人员，没有资格在美国法庭上以本法任何条款或修订条款提起民事诉讼。

(2) 取代所有法定规定，包括美国法典第5篇第553条的所有规定。

十一、技术性和相应性修订

(a) 美国法典第5篇修正案

美国法典第5篇第3章的条款目录，在第305条的后面增加以下相关条款进行了修订：

第306条　战略计划

(b) 美国法典第31篇修正案

(1) 第11章修正案

美国法典第31篇第11章的条款目录，在1114条的基础上增加以下新的相关条款进行了修订：

1115　绩效计划

1116　项目绩效报告

1117　豁免

1118　执行目标的试点项目

1119　绩效预算编制的试点项目

（2）第 97 章修正案

美国法典第 31 篇第 97 章的条款目录，在 9702 条的基础上增加以下新的相关条款进行了修订：

9703　管理责任和灵活性

9704　管理责任和灵活性的试点项目

（c）美国法典第 39 篇修正案

美国法典第 39 篇第三部分的章目录，在其末尾增加了以下条款进行了修订：

2801　众议院发言人

美国副总统和参议院主席

附录三：2010年绩效成果法案修订条款[①]

第5篇第3章第306条　战略计划

（a）在次年二月的第一个星期一之前，每一位机构的负责人应按照本法案第3章第101条的要求，在本机构网站公布战略计划并通知总统和国会。

在计划内容中增加：（3）按照本法案第31章1120（a）的要求阐明上述目标和目的对于实现联邦政府主要目标的作用。

（4）（B）阐明本机构如何与其他机构协作完成联邦政府的优先目标和其他目标。

（5）阐明该目标和目的对于国会建议和意见的吸收采纳情况。

（6）如何使第31篇第1115（a）条及1120（b）所要求的计划的绩效目标，与战略计划的总目标相联系。

（8）[②]（b）战略计划应包括不少于四年的时间，从计划递交的所属财政年度下一个年度算起。如果必要，机构负责人可根据运营环境的重大变化对战略计划进行调整，并报告国会。

（d）在制定或调整战略计划时，联邦机构应定期向国

---

① 本附录仅对修订条款进行了翻译未在本次修订中变更的绩效成果法案内容请参照附录二，标题层级为：一；（a）；（1）；（A）。

② （7）与原法一致，此处略去。

会的授权，拨款和监督委员会征求意见，并考虑那些受此项计划影响或对计划感兴趣的人的观点和建议。联邦机构须至少每2年一次向国会的相应委员会征求意见。

第31篇，第1105条（a）（37）按照1125条款提交的计划和报告应列明由于过时和与其他计划报告重复而删除或合并的内容。

第1115条　绩效计划

（a）联邦政府执行计划——在执行第1115条（a）（29）款过程中，管理和预算局局长应当要求在制定战略计划的联邦机构应与其他机构配合，除了遵循美国政府预算的要求外，管理和预算办公室主任需确保本条款要求的信息按照第1122条的要求在网上发布，并至少每年度更新一次。联邦政府绩效计划须：

（1）明确联邦政府的未来一年的绩效目标以及按照第1120（a）条所规定的联邦政府机构的优先目标。

（2）确定每个财年实现该绩效目标所涉及的机构、组织、项目、监管机制、税费、相关政策等。

（3）对于每项绩效目标应由联邦机构负责人负责协调推进。

（4）建立公共联邦政府绩效季度指标，用以衡量或评估。

（A）每个联邦政府绩效目标的总体进展；

（B）各机构、组织、计划活动、监管、税收支出、政策和根据第（2）款确定的其他活动的作用。

（5）按季度明确绩效目标完成进度。

（6）确定主要的管理挑战以及相关的目标、指标和应对策略。

（b）机构绩效计划——在每年二月第一个星期一之前，联邦政府机构主管须在网站上公布涵盖本机构所有预算项目的绩效计划，并通知总统和国会。该计划包括：

（1）建立执行目标以限定该项目活动在下一年度应达到的绩效水平。

（2）除授权可以（c）项下条款中的备选形式外，这类目标应以客观、量化和可衡量的形式来表述。

（3）描述该绩效目标如何有助于：

（A）实现按照第5章306（a）（2）条款要求的战略计划中的成果和绩效目标。

（B）实现联邦政府绩效计划中的目标。

（4）按照本章1120（b）条款的要求指定的优先绩效目标。

（5）对实现的执行目标的说明，包括：

（A）运作过程、培训、技能、技术和人力、资本、信息以及其他必需资源；

（B）各阶段进度计划；

（C）有助于实现绩效目标的相关组织、项目活动、监管、政策以及机构内外部的其他措施活动。

（D）本机构与其他机构联合协作完成绩效目标的情况。

（E）每项绩效目标的相关责任人。

（6）建立一套均衡的业绩指标用来衡量或评估在拨款、客户服务、效率、产出、结果等方面绩效目标的完成进度。

（7）提供一个比较实际项目成果和预先设定的执行目标的基础。

（8）说明对于相关绩效指标数据的准确与可靠的保证，包括数据的验证方式方法、来源、精度、准确性、局限性等。

(9) 本机构面临的主要问题，以及解决方案、相关指标、主要责任等。

(10) 在分析机构使命、目标以及项目案例的基础上，确认低优先级的项目活动。

(c) 备选形式——如果某一机构与管理和预算局局长协商以后，认定以客观的、量化的和可衡量的形式表述某一特定项目活动的执行目标是不可行的，管理和预算局局长可以授权以其他备选形式来表述。这些备选形式有：

(1) 包括以下项目的分别描述性说明：

(A) (i) 效果最差的项目。

(ii) 成功项目。

(B) 由管理和预算局局长授权的备选形式具有充分的精确性，而且在这些条款中包括了项目活动业绩是否达到阐述标准的准确、独立的决定因素。

(2) 说明为什么某些项目活动的执行目标用何种方式表述都是不可行的或不切实际的。

(d) 项目活动的调整——为遵循本节条款，机构可以综合、分离，也可以合并项目活动，除非所有综合或合并会忽视构成机构主要职能或使运营活动的重要性降至最低。

(e) 附则——每一机构可以递交年度绩效计划的附则，附则包括该计划（符合下列条件）的任何部分：

(1) 该部分经行政命令规定的标准特别授权，这些标准基于国防和外交政策利益需要保密。

(2) 该部分依据行政命令进行了适当的分类。

(f) 政府的固有职能——本条款的职能和活动应被认为是固有的政府职责，依据本条款战略计划只能由联邦职员起草。

(g) 首席人力资源官——每位联邦机构的人力资源官需按照 (b) (5) (A) 条款的要求准备年度业绩计划的对应部分。

(h) 定义——鉴于本条和1116—1125条，以及9703条和9704条的目的：

(1)"机构"的含义与第5篇第306条 (f) 款对该词的定义相同。

(2) 跨机构 (*crosscutting*) 的意思是跨越组织界限的。

(3) 客户服务评估 (*customer service measure*) 的意思是对于向客户、委托人、公民或其他服务对象所提供服务在质量、满意度、及时性等方面的评估。

(4) 效率评估的意思是对于某项项目活动的产出 (如：产品或服务的数量) 与投入 (如：成本、时间) 的比例。

(5) 主要的管理问题是指项目或跨机构管理过程中存在容易发生浪费、腐败、权力滥用、管理不当 (例如：由政府会计办公室或督察署认定为高风险的事项) 等事项或因素，该事项可能会严重影响政府职能的发挥和使命目标的完成。

(6) 里程碑进度计划是指工作阶段性标志或成果。

(7)"结果衡量"是指对照项目活动成果与预期目标的评估。

(8)"产出衡量"是指对活动和努力的用制表、计算或记录等定量或定性方式表述。

(9)"执行目标"是指将绩效目标水平表述为有形的、可衡量的目标，使之能与实际实现的业绩进行比较，包括将目标表述为量化的标准、价值或比率。

（10）“业绩指标”是指用来衡量产出或结果的特殊价值或特性。

（11）“项目活动”指美国政府年度预算项目和拨款进度表中列举的具体活动或工程。

（12）“项目评估”是指通过客观衡量和系统分析来评价联邦项目实现预期目标的方式和程度。

第 1116 条　机构绩效报告①

（a）联邦机构主管须在本机构网站上公布业绩情况。

（b）每项更新应比较实际绩效与按照 1115（b）条款要求制定的绩效计划，并在本财年结束后 150 日之内将更为详尽的实际业绩指标递交政府、国会或项目合作方。

（2）①如果执行目标由 1115（c）的备选形式具体设定，成果的表述应与此具体设定相联系，包括项目是否未能达到最低效果或成功标准。

（c）每项更新包括：

（1）对执行目标完成的成功方面进行总结。

（2）对照更新报告涉及的执行目标所取得的业绩，评估本财政年度的绩效计划。

（3）解释并说明哪些项目的执行目标没有实现（包括某一项目活动被认定尚未达到依据第 1115 条(c)(1)(A)(ii)成功项目的标准，或使用备选形式所能达到的相应水平）：

（A）目标为何未能实现；

（B）完成预定执行目标的计划和日程表；

（C）如果执行目标不切实际或不可行，建议采取的行动及相应理由。

---

① 与原法案相同，此处从略。

（4）描述依据第 9703 条的所有豁免在实现执行目标方面的运用和效果评估。

（5）报告所涉及的财政年度期间已完成的项目评估的简要结论。

（6）描述该机构用以衡量绩效计划完成情况的相关指标和数据的精确性和可靠性，包括：

（A）数据验证的方式方法；

（B）数据来源；

（C）要求数据的精确性；

（D）在精确性方面的局限；

（E）若要达到要求的精确度需要突破的局限。

（7）报告年度内完成的项目评估的结果总结。

（d）如果绩效信息事关国防或外交政策并有总统的保密命令，该机构首脑须按照 1115（e）条款的要求在分类附录中提供该信息。

（e）本条款的职能和活动应被认为是政府的固有职责，依据本条款，项目绩效报告只能由联邦职员起草。

第 1120 条　联邦政府和机构的优先目标

（a）联邦政府的优先目标

（1）管理和预算办公室主任应与各机构协调，制定优先目标，以改善联邦政府的绩效和管理。联邦政府优先目标应包括：

（A）跨部门政策在内的结果导向的目标；

（B）联邦政府需要在管理方面做出的改进，包括：

（i）财政管理

（ii）人力资源管理

（iii）信息技术管理

（iv）采购与收购管理

（v）房地产管理

（2）联邦政府的优先目标应该是长期的，并且至少每四年更新一次，按照第3章第101条的要求，应与向政府递交的截至总统任期内某一年度的预算一起向公众公开。如有必要，公共与预算管理办公室主任将对联邦政府的优先目标作出调整，以反映政府行政环境的重大变化并将调整情况告知国会。

（3）管理和预算办公室主任在制定或调整联邦政府优先目标时，应定期向国会咨询，听取以下各方意见。

（A）参议院的拨款委员会和众议院；

（B）参议院的预算委员会和众议院；

（C）参议院国土安全与政府事务委员会；

（D）众议院的监督和政府改革委员会；

（E）参议院金融委员会；

（F）众议院的方式和手段委员会；

（G）任何其他适当的委员会。

（4）管理和预算办公室主任应至少每二年向国会拨款委员会征询一次。

（5）管理和预算办公室主任须就本章第1122条所述的网站上描述的联邦政府优先目标提供相关信息。

（6）本章第1115（a）条规定的政府绩效计划须与联邦政府的优先目标一致。

（b）机构优先目标应是：

（1）本章901（b）条所列示的或由管理和预算办公室任命的机构负责人，须每二年从本机构的绩效目标中确认优先目标；管理和预算办公室主任应决定政府及各机构优先目标的数量。

机构优先目标应：

（A）按照第5章，第306（d）条款的要求，在征询了国会和其他利益相关方意见之后，由该机构主管确定的该机构目标中优先级最高的目标。

（B）须经努力在二年内实现的目标。

（C）有指定的政府官员作为目标的领导者，负责本机构优先目标的实现。

（D）在合理的工作量范围内，应提供按季度更新的中期绩效指标。

（E）有清晰定义的里程碑计划。

（2）如果该机构的优先目标中包含依照行政命令需要保密的信息，则按照第1115（e）提供分类附录。

（c）本节规定的的功能和活动应被视为固有的政府职能。联邦政府雇员负责设定政府和机构的优先目标。

第1121条　优先目标的季度进展和目标信息的使用

（a）使用绩效信息实现联邦政府的优先目标——管理和预算办公室主任在绩效改进委员会的支持下，须在每个季度内完成：

（1）对于每项按照本章1120（a）的要求制定的联邦政府优先目标，应审查在最近季度内管理是否得当，指标数据的总体趋势以及计划指标完成情况。

（2）对推进政府优先目标的机构、组织、项目的官员进行审查。

（3）评估机构、组织、项目活动、法规、税收支出、政策和其他活动是否有助于每个联邦政府的优先目标的实现。

(4) 依据无法按预期计划完成的相关风险对联邦政府的优先目标进行分类。

(5) 对于风险程度最高的联邦政府优先目标，须在机构、组织、项目活动、法规、税收支出、政策和其他活动等方面制定绩效改进战略措施。

(b) 机构使用业绩信息实现机构优先目标——机构负责人和首席运营官须按照1120 (b) 的要求，须在每个季度内完成。

(1) 对于每项机构优先目标，应审查在最近季度内管理是否得当，指标数据的总体趋势以及计划指标完成情况。

(2) 按照每个机构优先目标的需要调整内外部相关人员。

(3) 评估机构、组织、项目活动、法规、税收支出、政策和其他活动是否有助于每个机构的优先目标。

(4) 依据无法按预期计划完成的相关风险对联邦政府的优先目标进行分类。

(5) 对于风险程度最高的本机构优先目标，须在机构、组织、项目活动、法规、税收支出、政策和其他活动等方面制定绩效改进战略措施。

第1122条　程序、优先目标及结果的透明度

(a) 机构程序的透明度

(1) 原则上——2012年10月1日前，管理和预算办公室须：

(A) 确保独立网站的有效运行。

(B) 网站内容至少每季度更新一次。

(C) 机构确定的各项目都应在网上公开。

(2) 信息——项目信息包括：

（A）机构对于项目（包含汇总、分类、合并项目）的定义，该定义应与公共与预算管理办公室主任提供的定义一致。

（B）项目目的以及该项目对机构目标和使命的作用。

（C）本财年和上二个财年的资金投入。

（b）机构优先目标和结果的透明度

制定机构目标的机构负责人须向管理和预算办公室及公共预算信息网站递交本机构优先目标（本章第1120（b）条所规定的信息除外）的相关信息。网站须汇总发布各机构的优先目标，并且包括：

（1）说明如何采纳吸收国会关于本机构优先目标的建议。

（2）确定对本机构优先目标的实现非常重要但无法掌控的外部因素。

（3）每个机构如何实现优先目标，包括：

（A）该优先目标所需的战略资源；

（B）清晰定义里程碑；

（C）有助于该目标实现的组织、项目、监管、政策等；

（D）该机构如何与其他机构协作配合实现目标；

（E）对优先目标实现担责的机构负责人。

（4）衡量项目进展的数据指标。

（5）本机构如何确保衡量优先目标实现程度的相关数据的准确和可靠，包括对于以下内容的确认：

（A）数值的测定和验证方法；

（B）数据来源；

（C）拟采用数据的准确性；

（D）对于精确度的要求以及限制；

(E) 如何突破上述限制。

(6) 最近季度取得的成果和计划达到绩效的比较以及未来趋势。

(7) 对有关组织、项目活动、法规、政策和其他活动是否按计划进行的评估。

(8) 对机构优先目标实现存在的风险的判断。

(9) 绩效改进的预期和策略。

(c) 联邦政府优先绩效与结果的透明度——管理和预算办公室主任须一并在网上公开的：

(1) 按照本章第1120 (a) 条的规定制定的联邦政府优先目标的简要说明；

(2) 上述优先目标对国会相关观点和建议的吸收采纳情况；

(3) 与按照本章第1115 (a) 条的规定制定的联邦政府优先目标相关的绩效目标和指标；

(4) 每项政府优先目标对应的职责部门；

(5) 最近季度取得的成果、和计划达到绩效的比较以及未来趋势；

(6) 与每项联邦政府优先目标相关的机构、组织、项目活动、监管、税费支出等活动；

(7) 对有关组织、项目活动、法规、政策和其他活动是否按计划进行的评估；

(8) 对联邦政府优先目标实现存在的风险的判断；

(9) 绩效改进的预期和策略。

(d) 网站信息——根据本条提供的相关信息需在网络上向社会公众、国会各委员会和议员提供相关资料，该类信息须可搜索并可用计算机进行处理，管理和预算办公室主任应给予指导，确保所有联邦项目、政府及机构的绩效信息能顺利发布。

第1123条 首席运营官

（a）设立——每个机构，包括附属机构、代理机构须设立首席运营官。

（b）职能——每位首席运营官须对改进机构的管理和绩效负责，具体职能包括：

（1）通过对战略绩效的规划、测定、分析、定期评估进展情况、利用绩效信息为绩效改进和机构目标的实现提供全面组织管理活动，具体包括：

（2）为机构负责人执行本章第1115条至1122条及第5章第306条的规定提供建议支持；

（3）为机构内部及政府管理职能的改进提供总体指导；

（4）与内外部对于实现机构目标和使命发挥重要作用的相关人员（如：首席财务官、首席人力资源官、首席收购官、高级采购经理、首席信息官以及该机构的其他业务主管等）协调配合。

第1124条 绩效改进职员及绩效改进委员会

（a）绩效改进职员

（1）设立——每个机构的负责人须与该够的首席运营官协商任命一名高级行政人员为绩效改进职员。

（2）职能——每位绩效改进职员直接向首席运营官报告，接受首席运营官的领导，须：

（A）通过对战略和绩效的计划、衡量、分析、定期的进度评估以及绩效信息的使用为改进绩效成果向机构负责人和首席运营官提供建议支持；

（B）就机构目标及与其他机构合作完成的共同目标的

选择向机构负责人和首席运营官提供建议；

（C）协助机构负责人和首席运营官按照本章第 1115 至 1122 条和第 5 章第 306 条的要求执行机构战略计划、绩效计划、完成相关报告以及涉及本机构优先目标的相关事项；

（D）支持机构负责人和首席运营官定期评估本机构绩效，必要时须至少每个季度对本机构优先目标的绩效进展情况进行评估；

（E）协助机构负责人和首席运营官开发使用本机构的人力资源绩效评价工具，配合其他机构完成其人员、计划的处理和评估；

（F）向本机构的负责人、经理和雇员以及国会传递机构目标进展的相关信息，并在网站上公布。

（b）绩效改进委员会

（1）设立——已成立的绩效改进委员会由以下人员和职位构成：

（A）委员会主席由管理和预算办公室副主任担任；

（B）按照本章第 901（b）的要求来自于各机构的绩效改进官；

（C）由主席决定的其他业绩改进官；

（D）由主席决定的其他人员。

（2）职能——业绩改进委员会须：

（A）由主席或指定人员召集业绩改进委员会会议，确定议程、指导工作，建立和指导绩效改进委员会下属组织，必要时处理特定事项；

（B）协助管理和预算办公室主任改进联邦政府绩效，实现联邦政府优先目标；

（C）按照本章第 1115、1、10、1121 条和第 1122 条的

规定协助管理和预算办公室主任，推进计划执行和报告，以及相关信息的使用。

(D) 如有必要，致力于解决政府层面或相关机构的绩效问题；

(E) 促进各机构就具体项目、机构或跨机构的绩效改进工作的沟通交流；

(F) 与其他机构的管理委员会进行联络沟通；

(G) 从非成员机构，特别是规模较小的机构征询建议和相关信息；

(H) 分析吸取企业、非营利组织、外国、国家、地方政府、政府雇员、公共部门工会和政府服务的客户的绩效改进经验；

(I) 在法律许可的范围内，接受其他机构的援助、信息和建议等；

(J) 按照主席指定或建议的格式，制定绩效管理政策和要求的简化与改进建议，并向管理和预算办公室主任或通过公共与预算管理办公室向总统提交。

(3) 支持：

(A) 一般事务管理局须按照本条的规定向委员会提供管理和其他支持。

(B) 人员——机构负责人和在绩效改进委员会任职的人员应达到二人以上，应绩效改进委员会主席的要求，在适当条件及法律许可范围内开展工作。

第 1125 条　废除不必要的机构报告

(a) 不必要报告的机构认定——每年，由管理和预算办公室主任提供指导，各机构的首席运营官须：

(1) 按照法定的或国会报告的要求为国会编制本年度

该机构的计划和报告清单；

（2）按照第（1）条分析已编撰完成的清单，筛选罗列出过时或重复的计划或报告清单；

（3）与接受计划和报告的国会委员会进行磋商；

（2）确认这些计划和报告对委员会不再有用，可以消除或与其他计划和报告合并；

（4）向管理和预算办公室主任提供第（1）条所规定计划和报告数量以及第（2）条所描述的过时或重复的计划或报告。

（b）计划与报告

（1）首年——在本条规定实施的首年度，按照第（a）1条筛选出的过时重复的计划与报告数量应不少于总数的10%。

（2）以后年度——由管理和预算办公室主任决定过时重复报告数量的最少占比。

（c）对废除不必要报告的要求——除了提交纳入政府预算的各机构按照第1105（a）（37）条的规定编制的过时的计划和报告清单外，管理和预算办公室主任还可同时建议国会立法废除或合并上述计划和报告。

附录四：财政支出绩效管理调查问卷

【调查问卷说明】

1. 本次调查完全出于科研目的，旨在为财政支出绩效管理研究收集相关资料；因此，您所提供的信息与资料对我们来说非常重要，希望能够得到您的支持与配合。同时，我们将对您填写的任何信息严格保密，希望您能如实回答，不必有任何顾虑。

2. 本问卷包括基本信息和调研内容两大部分，题型主要为选择题；考虑到各单位的具体业务特征以及调查结果的统计，我们对填写要求做如下规定：（1）基本信息部分为单选题；（2）调研内容部分请结合题干设计、选项之间的逻辑关系以及贵单位的具体情况认真填写，若选择“其他”项，请详细填写。

一、基本信息

1. 您的性别（　　）。

A. 男　　　　B. 女

2. 您的年龄（　　）。

A. 30 岁及以下　　　　B. 31—40 岁

C. 41—50 岁　　　　D. 51 岁以上

3. 您的文化程度（　　）。

A. 大专及以下　　　　B. 本科

C. 硕士　　　　　　　　D. 博士及以上

4. 您的专业背景是否与财政或财务相关(　　)。

A. 财政或财务专业　　　　B. 非财政财务专业

5. 您是否系统学习过预算理论?(　　)

A. 是　　　　　　　　　B. 否

6. 您从事预算工作的年限是(　　)。

A. 2 年以下　　　　　　　B. 3 年至 5 年

C. 6 年至 10 年　　　　　D. 11 年以上

7. 您的职称是(　　)。

A. 初级　　　　　　　　B. 中级

C. 高级　　　　　　　　D. 其他____

8. 您所在的单位是属于哪个层级?(　　)

A. 部级　　　　　　　　B. 省厅级

C. 市级及以下　　　　　D. 其他____

9. 您的职位是(　　)。

A. 总会或主任　　　　　B. 处长

C. 一般财务人员　　　　D. 其他____

二、调研内容

预算支出绩效实地问卷调查问项	评价程度				
	很弱	弱	中	好	很好
(一) 财政支出绩效管理的总体情况					
1. 预算与本单位战略目标的融合情况	□	□	□	□	□
2. 财政支出的目标合理性	□	□	□	□	□
3. 预算执行的情况	□	□	□	□	□

续表

预算支出绩效实地问卷调查问项	评价程度				
	很弱	弱	中	好	很好
4. 财政支出绩效管理的实施效果	□	□	□	□	□
5. 各部门领导对财政支出绩效重视的程度	□	□	□	□	□
6. 三年滚动预算应用的情况	□	□	□	□	□
（二）财政支出绩效管理应解决的突出问题	□	□	□	□	□
7. 在预算编制前对本部门的规划目标明确地进行定位	□	□	□	□	□
8. 在支出控制过程中，考虑环境的变化情况	□	□	□	□	□
9. 促进沟通以更好地改进财政支出绩效	□	□	□	□	□
10. 仍采用“基数加增长”的预算编制方法	□	□	□	□	□
11. 对财政支出绩效进行适当监测和控制	□	□	□	□	□
12. 运用连续、滚动的预测方法来编制预算	□	□	□	□	□
13. 协调年度预算与滚动预算间的关系	□	□	□	□	□
14. 支出重点与规划确定的工作重点相一致	□	□	□	□	□
15. 对支出请求全面地进行考虑和审批	□	□	□	□	□
16. 对具有内部竞争关系的支出请求采用一致的评价标准	□	□	□	□	□
17. 建立跨部门的团队来审批支出请求	□	□	□	□	□
18. 运用信息技术提高绩效管理工作效率	□	□	□	□	□
19. 建立精确的支出标准	□	□	□	□	□
20. 提供支出绩效管理工作中必要的培训	□	□	□	□	□
（三）财政支出绩效评价					
21. 支出绩效关键指标能体现规划目标的重点内容	□	□	□	□	□

续表

预算支出绩效实地问卷调查问项	评价程度				
	很弱	弱	中	好	很好
22. 运用数量、质量、成本和时效等方面综合指标	□	□	□	□	□
23. 财政支出绩效评价报告的合理性	□	□	□	□	□
24. 财政支出绩效评价依据的信息质量	□	□	□	□	□
25. 建立循序渐进的内控体系监督支出管理过程	□	□	□	□	□
26. 事前、事中和事后评价预算执行的情况	□	□	□	□	□
27. 绩效评价中考虑了风险因素	□	□	□	□	□
28. 对绩效评价结果进行深入分析	□	□	□	□	□
29. 为业务单位和部门制定适合的绩效考核指标	□	□	□	□	□
30. 明确被评价部门的可控制因素，并据此进行绩效考核	□	□	□	□	□
31. 财政支出绩效评价的反馈信息及时传递	□	□	□	□	□
32. 财政支出绩效评价是为遵守财政部门要求而开展的	□	□	□	□	□
33. 评价结果在下一年度预算编制中发挥决定作用	□	□	□	□	□
（四）财政支出绩效控制与监督体系					
34. 明确控制重点环节、指标与责任人	□	□	□	□	□
35. 支出控制执行的可操作性	□	□	□	□	□
36. 支出控制实际执行时是刚性的	□	□	□	□	□
37. 约束和激励机制相融合的监督情况	□	□	□	□	□
38. 支出绩效控制拥有足够的资源	□	□	□	□	□
39. 财政支出控制流程能满足中长期规划的需要	□	□	□	□	□
40. 财政支出控制有助于本部门履行职责	□	□	□	□	□

41. 您认为本单位在财政支出绩效管理上存在哪些不足？

42. 您认为财政支出绩效管理改革应着眼哪些问题？

主要参考文献

英文文献

[1] Bouckaert, G. , & Halligan, J. (2008). Managing Performance: International Comparisons. London: Routledge.

[2] Carles Boix, Danel N. Posner. Social Capital: Explaining Its Origins and Effects on Government Performance. British Journal of Political Science, Vol. 28, No. 4 (Oct. , 1998).

[3] Clémence Vergne. Democracy, elections and allocation of public expenditures in developing countries [J]. European Journal of Political Economy, Volume 25, Issue 1, March 2009.

[4] Christensen, T. , & Lægreid, P. (2011b). Complexity and hybrid public administration – theoretical and empirical challenges. Public Organization Review, 11 (4), 407 – 423.

[5] Dubnick, M. (2005). Accountability and the promise of performance: in search of mechanisms. Public Performance and Management Review, 28 (3), 376 – 417.

[6] Era Dabla – Norris, et. al. Budget Institutions and Fiscal Performance in Low – Income Countries. IMF working paper

10/80.

[7] Halligan, J. , & Bouckaert, G. (2009). Performance and Trust: Developmental Paths and Optiional Directions. In P. G. Roness & H. Sætren (Eds.), Change and Continuity in Public Sector Organizations. (pp. 257 – 277). Bergen: Fagbokforlaget.

[8] Hodge, G. , & Greve, C. (2007). Public – private partnerships. An international performance review. Public Administration Review, 67 (3). 545 – 558.

[9] Nowook Park & Joung – Jin Jang. Performance budgeting in Korea.

[10] Overview and assessment. OECD Journal on Budgeting Volume . 2014 (3).

[11] Park, N. and J. Choi (2013), "Making Performance Budgeting Reform Work: A Case Study of Korea", World Bank Policy Research Working Paper 6353, World Bank, Washington, D. C.

[12] Richard A. Chapman. The Treasury in public policy – making. the Taylor & Francis e – Library, 2002.

[13] Sanjeev Gupta, Benedict Clements, Emanuele Baldacci, Carlos Mulas – Granados. Fiscal policy, expenditure composition, and growth inlow – income countries [J]. Journal of International Money and Finance, 2005 (24).

[14] Caiden, N. , &A. Wildavsky. Planning and Budgeting in Poor Countries [M]. New York; Wiley – interscience1990.

[15] Jordan, Meagan M. &Hackbart, Men. The Goals and

Implementation success of state performance based budgeting [J]. Journal of Public Budgeting, Accounting & Financial Management Winter 2005, Vol. 17 Issue 4.

[16] Lledo, Victor & Poplawski – Ribeiro, Fiscal Policy Implementation in Sub – Saharan Africa [J]. Marcos World Development. Jun 2013, Vol. 46.

[17] Beetsma, Rod. From Budgetary Forecast to ex Post Fiscal Data: Exploring The Evolution of Fiscal Forecast Errors in European Union [J]. Contemporary Economic Policy. Oct2013, Vol. 31 Issue 4.

[18] Caiden, N., & A. Wildavsky. Planning and Budgeting in Poor Countries [M]. New York; Wiley – intersc jence 1990.

[19] Jordan, Meagan M. & Hackbart, Men. The Goals and Implementation success of state performance based budgeting [J]. Journal of Public Budgeting, Accounting & Financial Management Winter 2005, Vol. 17 Issue 4.

[20] Lledo, Victor & Poplawski – Ribeiro, Fiscal Policy Implementation in Sub – Saharan Africa [J]. Marcos World Development. Jun 2013, Vol. 46.

[21] Beetsma, Rod. From Budgetary Forecast to ex Post Fiscal Data: Exploring The Evolution of Fiscal Forecast Errors in European Union [J]. Contemporary Economic Policy. Oct 2013, Vol. 31 Issue 4.

[22] Christiane Lorenz. The Impact of Performance Budgeting on Public Spending in Germany's Laender [M]. Wiesbaden: Gabler Verlag, 2012.

[23] Victor Lledó. Fiscal Policy Implementation in Sub – Saharan Africa [J]. World Development. 2013 .

[24] Kumar Manmohan et al. 2009. "Fiscal Rules – anchoring Expectations for Sustainable Public Finances." IMF Working Paper.

[25] Schaechter Andrea et al., 2012. "Fiscal Rules in Response to the Crisis—toward the 'Next – Generation' Rules: A New Dataset." IMF Working Paper.

[26] OECD Journal on Budgeting, Special (2004) Issue, vol. 4, no. 3. The legal framework for budget systems: An international comparison.

[27] OECD Journal on Budgeting Volume 5 Issue 2: Lessons from Australian and British Reforms in Results oriented Financial Management.

[28] OECD Journal on Budgeting Volume 5 Issue 2: Performance Information in the Budget Process: Results of the OECD 2005 Questionnaire.

[29] OECD Journal on Budgeting Volume 2014/2: Budget Review: Germany.

[30] Future of public services reform: Matthew Hancock speech. Minister for the Cabinet Office Matthew Hancock spoke about reforming public services.

[31] Global Financial Integrity. The Drivers and Dynamics of Illicit Financial Flows from India: 1948 – 2008 [EB/OL]. [2014 – 09 – 17]. http://www.gfintegrity.org/report/country – case – study – india/.

[32] HM Treasury, UK. 2015 – 16 Convergence Pro-

gramme for the United Kingdom: submitted in line with the Stability and Growth pact.

[33] Kroll, A. (2013). "The Other Type of Performance Information: Nonroutine Feedback, Its Relevance and Use". Public Administration Review, 73 (2), 265 – 76.

[34] Mike Joyce. Prudent Budget Planning and Budgetary Process Effectiveness: The Canadian Federal Government's Experience. School of Queen's University Policies Study. Working Paper 47, October 2008.

[35] Richard Allen. The Challenge of Reforming BudgetaryInstitutions in Developing Countries. IMF workingpaper. 96/09.

[36] Schick, Allen. An Inquiry into the Possibility of a Budgetary Theory [A]. Irene Rubin. New Directions in Budget History [C]. New York: State University of New York Press, 1988.

[37] Pollitt, C., & Bouckaert, G. (2011). Public management reform (3rd ed.). Oxford: Oxford University Press.

[38] Radin, B. (2011). Does performance measurement actually improve accountability? In M. J. Dubnick & H. G.

[39] Frederickson (Eds.), Accountable governance. Problems and promises. New York: M. E. Sharpe.

[40] Schick (2007). The Federal Budget. Washington, D. C.: Brookings Institution Press.

[41] Tom Christensen & Per Lægreid. Performance and Accountability—A Theoretical Discussion and an Empirical Assessment. Public Organiz Rev (2015) 15: 207 – 225.

[42] Transactions and Reports Analysis Centre of Canada. Departmental Performance Report. Financial (2014 - 15).

[43] Van Dooren, W. (2011). "Better Performance Management". Public Performance & Management Review, 34 (3), 420 - 33.

中文文献

[1] 阿尔伯特·C. 海迪 (Albert C. Hyde) 等著，苟燕楠，董静译　公共预算经典（第二卷）：现代预算之路（第三版）上海财经大学出版社，2006.

[2] 白彦锋，叶菲．中期预算：中国模式与国际借鉴 [J]. 经济与管理评论，2013 (1).

[3] 包国宪，张志栋．我国第三方政府绩效评价组织的自律实现问题探析 [J]. 中国行政管理，2008 (1).

[4] 包国宪，周云飞．中国政府绩效评价：回顾与展望 [J]. 科学学与科学技术管理，2010 (7): 106 - 108.

[5] 财政部预算司．澳大利亚绩效管理的基本情况 [EB/OL]. http: //www. mof. gov. cn/pub/yusuansi /zhengwuxinxi/guojijiejian /200810 /t20081008_ 80709. html.

[6] 财政部预算司．德国财政预算制度及政府间财政关系 [EB/OL]. http: //yss. mof. gov. cn/zhengwuxinxi/guojijiejian/200810/120081020_ 8283. 4. html.

[7] 蔡军．绩效导向型公共预算管理研究 [M]. 北京：中国书籍出版社，2012.

[8] 陈宏彩．英国地方政府全面绩效考核体系及其借鉴意义 [J]. 国外社会科学，2007 (2).

[9] 陈立齐．国家为什么需要预算？——《塔夫脱委员

会报告》百年纪念 [J]. 公共行政评论，2013 (5).

[10] 陈志斌. 澳大利亚政府绩效预算管理及借鉴 [J]. 中国财政，2012 (9).

[11] 程北南. 加拿大政府绩效评价制度及其启示 [J]. 上海金融学院学报，2013 (03).

[12] 董振海. 在我国推行绩效预算的理论与实践思考 [D]. 北京：财政部财政科学研究所，2010.

[13] 段发达. 德国预算管理及审查监督的几点启示 [J]. 人大研究，2013，261 (9).

[14] 高培勇. 关注预决算偏离度 [J]. 涉外税务. 2008 (1).

[15] 孔志峰. 绩效预算论 [M]. 经济科学出版社，2007.

[16] 刘昆. 绩效预算，国外经验与借鉴 [M]. 中国财政经济出版社，2007. 马国贤. 政府绩效管理 [M]. 复旦大学出版社，2005.

[17] 马洪范. 绩效预算信息论 [M]. 经济科学出版社，2008.

[18] 马骏. 公共预算：比较研究 [M]. 中央编译出版社，2011.

[19] 李慧，张志超. 美国绩效预算的经验、困难和启示 [J]. 华东经济管理，2007 (10).

[20] 黎鹭红. 我国推行绩效预算的若干问题研究 [D]. 厦门：厦门大学，2007.

[21] 李永友. 我国财政支出结构演进及其效率 [J]. 经济学（季刊），2009 (10).

[22] 刘叔申. 政府预算软约束与科学性 [J]. 人大研

究，2004（2）.

[23] 刘薇．中国绩效预算制度研究［D］．大连：东北财经大学，2011.

[24] 刘伟，裴磊．公共财政视角下的我国人大预算监督及其完善［J］．中共宁波市委党校学报，2007（2）.

[25] 马蔡琛．市场经济国家的预算超收形成机理及其对中国的启示［J］．财政研究，2008（1）.

[26] 孟庆瑜．绩效预算法律问题研究［J］．现代法学，2013，35（1）.

[27] 宁旭．我国财政预算绩效管理研究［D］．沈阳：辽宁大学，2012.

[28] 牛美丽，马骏．新西兰的预算改革［J］．武汉大学学报（哲学社会科学版），2006（11）.

[29] 牛美丽．中国地方绩效预算改革十年回顾：成就与挑战［J］．武汉大学学报，2012，65（6）.

[30] 彭国甫：地方政府公共事业管理绩效评价研究［M］．长沙：湖南人民出版社，2004.

[31] 任秀芝．1994—2007：关于我国财政收支预决算的考察［J］．经济问题探索，2009（9）.

[32] 唐韵．新西兰政府绩效管理系统发展概述［J］．企业科技与发展，2015（4）.

[33] 熊伟．预算执行制度改革与中国预算法的完善［J］．法学评论，2001（4）：133－139.

[34] 杨宏山．政府绩效评估的国际比较及启示——以美国、英国、日本和韩国为例［J］．北京电子科技学院学报，2015（3）.

[35] 杨华，肖鹏．日本解决地方财政困境的改革措施

与启示［J］. 经济理论与经济管理，2011（10）.

［36］袁娟．日本政府绩效评估模式研究［M］. 北京：知识产权出版社，2010.

［37］朱青．关注民生：财政支出结构调整的方向与途径［J］. 财贸经济，2008（7）.

［38］中国社会科学院财政与贸易经济研究所课题组．“十二五”时期的中国财政支出结构改革［J］. 经济理论与经济管理，2010（11）.

［39］苑晓颖，成涛林．苏州财政收支预决算偏离度实证分析［J］. 财政研究，2012（12）.

［40］刘秀芳．关于实施滚动预算的思考［J］. 现代商业，2014（9）.

［41］王桂娟．推进部门滚动预算改革的思路和要点［J］. 中国财政，2012（14）.

［42］王雍君．全球视野中的中国财政透明度——中国的差距与努力的方向［EB/OL］.（2003－10－23）国务院发展研究中心信息网，http：//www. drcnet. com. cn.

［43］肖文东，王雍君．“十二五”时期中国预算改革的思考——基于引入中期预算框架的视角［J］. 中国流通经济，2011（11）.

［44］杨晓萌，张媛．地方政府预算执行差异问题探讨——以大连市G区为例［J］. 地方财政研究，2009（9）.

［45］王秀芝．1994—2007：关于我国财政收支预决算偏差的考察［J］. 经济问题探索，2009（9）.

［46］张海燕．地方政府公共支出预算绩效管理改革实践探索——兼论上海市闵行区“以结果为导向”的预算管理改革［J］. 青海社会科学，2011（5）.

［47］张俊军，罗强．美国联邦财政预算最新编制情况及启示［J］．经济研究参考，2012（59）．

［48］张欣．部门整体支出绩效评价探析［J］．新理财（政府理财），2015（6）．

［49］周飞舟．《分税制十年：制度及其影响》，中国社会科学，2006（6）．

［50］周天勇．《合理划分和确定中央与地方间的事务、治理与财权》，中国经济时报，2007－08－13．

致　　谢

自2014年1月进入中国财政科学研究院师从贾康老师做博士后研究已两年有余，从内心讲，我对财科院有着深厚的感情，2008年，我有幸跟随冯淑萍老师攻读财科院会计方向博士，之后的时间里，不论我身在学院还是在企业，始终没有抛下求知的热情和追求理想的勇气，记得柳传志说过："人要想有追求，就要在前进的路上吃苦，摔跟头，但你想到这是我的追求，我心甘情愿，就会把困难和失败转变为追求成功的过程。"如果说博士期间除了会计理论，还学会的是思考问题的方法的话，那么在央企研究机构工作经历教会了我如何运用自己的知识去指导实践，如何去把领导交予的乱麻般的问题分层次分重点地加以各个击破；如何在与同事的激烈的思想碰撞中提升自我，以及如何在高强度工作和科研压力下平衡和充实自我。进站以后，或许是职业的惯性，或许真的已经形成良好的所谓"敬业精神"，我依然保持着企业的工作节奏，为实现"质的一跃"而拼搏、努力。

首先感谢我的博士后合作导师贾康老师，本报告的撰写，是在贾老师的指导下完成的，贾老师不仅学识渊博，而且为人谦和，平易近人，在百忙之中一直指导和关注着我的研究工作。师从贾老师是我一生的财富。

非常感谢我的博士指导教师冯淑萍老师，博士后期间能够有幸跟随冯老师研究预算绩效管理与人大监督领域的课题，进一步拓展了我的学术视野，使我能很快进入角色，顺利完成本报告。冯老师为人的正直，治学的严谨，对学生慈母般的关怀，千言万语难以尽述。

还要感谢所有关心我、帮助过我的各位师长、亲人、同学、朋友们，你们的关怀和帮助我难以尽述，是我前进的动力和坚强的后盾。

虽然我的报告已经完稿，但我深知，这是一个新的开始，我会在科研这条路上一直勇敢地走下去，去争取我珍贵的人生财富。

钟玮：15810175868，zhongwei82981@ qq. com

钟　玮

2016 年 8 月 23 日